高等职业技术院校公路类专业教材

公路工程测量习题册

中国劳动社会保障出版社

简　介

本习题册是高等职业技术院校公路类专业教材《公路工程测量》的配套用书。本习题册紧扣教学要求，按照教材模块、任务顺序编排，知识点分布均衡，题型丰富，难易配置适当，有助于学生复习巩固所学知识。

本习题册由程斌主编，吴苏琴、喻建武、干婷、周仲海、王世均、韩望参加编写。

图书在版编目(CIP)数据

公路工程测量习题册/程斌主编. —北京：中国劳动社会保障出版社，2012
高等职业技术院校公路类专业教材
ISBN 978-7-5045-9903-2

Ⅰ.①公…　Ⅱ.①程…　Ⅲ.①道路工程-工程测量-高等职业教育-习题集　Ⅳ.①U412.2-44

中国版本图书馆 CIP 数据核字(2012)第 189708 号

中国劳动社会保障出版社出版发行
（北京市惠新东街 1 号　邮政编码：100029）
出 版 人：张梦欣
*
三河市潮河印业有限公司印刷装订　　新华书店经销
787 毫米×1092 毫米　16 开本　6 印张　142 千字
2012 年 8 月第 1 版　　2025 年 6 月第 9 次印刷
定价：11.00 元

营销中心电话：400-606-6496
出版社网址：http://www.class.com.cn
http://jg.class.com.cn

目　录

绪　论

一、填空题（请将正确答案填在横线上）

1. 地面点到____________的铅垂距离称为该点的相对高程。
2. 通过__________海水面的____________称为大地水准面。
3. 测量工作的基本内容是__________、__________、__________。
4. 测量使用的平面直角坐标系是以____________为坐标原点，____________为 x 轴，____________为 y 轴。
5. 测量工作的程序是____________、____________、____________。
6. 测量学的任务是____。

二、选择题（请在下列选项中选择一个正确答案并填在括号内）

1. （　　）是测量计算工作的基准面。
   A. 水准面　　B. 参考椭球面　　C. 大地水准面　　D. 大地体
2. 地面点到高程基准面的垂直距离称为该点的（　　）。
   A. 相对高程　　B. 绝对高程　　C. 高差
3. 地面点的空间位置是用（　　）来表示的。
   A. 地理坐标　　B. 平面直角坐标　　C. 坐标和高程
4. 绝对高程的起算面是（　　）。
   A. 水平面　　B. 大地水准面　　C. 假定水准面
5. 测定是指使用测量仪器和工具，通过测量和计算，得到一系列测量数据或成果，将地球表面的（　　）缩绘成地形图。
   A. 地物和地貌　　B. 地物　　C. 地貌
6. 距离测设、高程测设和（　　）是测设的三项基本内容。
   A. 竖直角测设　　B. 水平角测设　　C. 方位角测设　　D. 磁偏角测设
7. 对于高程测量，用水平面代替水准面的限度是（　　）。
   A. 在以 10 km 为半径的范围内可以代替
   B. 在以 20 km 为半径的范围内可以代替
   C. 不论多大距离都可代替
   D. 不能代替

三、判断题（判断正误并在括号内填“√”或“×”）

1. 测量学是研究地球的形状和大小，以及确定地面点位的科学。（　　）
2. 测量学的内容只包括测绘地形图。（　　）

3．任一水平面都是大地水准面。　（　　）

4．地面点到大地水准面的铅垂距离，称为该点的绝对高程，或称海拔。　（　　）

5．在独立平面直角坐标系中，规定南北方向为纵轴，记为 x 轴，东西方向为横轴，记为 y 轴。　（　　）

6．确定地面点相对位置的三个基本要素是水平角、距离及高程。　（　　）

7．测量工作必须遵循的原则是“从整体到局部”“先控制后碎部”。　（　　）

四、问答题

1．何谓绝对高程、相对高程、高差？

2．试述测量工作中平面直角坐标系与数学计算中平面直角坐标系的不同点。

3．水平面与水准面有何区别？

4．确定地面点位要做哪些基本测量工作？

五、计算题

已知地面上三点 A、B、C 的相对高程为 −5. 500 m、6. 850 m、15. 730 m，其中 B 点的绝对高程为 315. 640 m，求 A、C 两点的绝对高程（画简图标明）。

模块一 水 准 测 量

任务一 测量两个水准点之间的高差

一、填空题（请将正确答案填在横线上）

1. 水准测量后视读数为 1.124 m，前视读数为 1.428 m，则后视点比前视点__________，两点高差为____________。

2. 水准测量中已知 A 点高程为 H_A，求 B 点高程时，A 点尺上读数称__________，B 点尺上读数称____________。

3. 水准仪的主要部件有____________、____________和基座。

4. 望远镜主要由__________、__________、__________和十字丝分划板组成。

5. 水准测量原理是利用水准仪提供的______________测定地面上两点间的高差。

6. 水准测量中丝读数时，不论是正像还是倒像，应由__________到__________，并估读到______________。

7. 测量时，记录员应对观测员读的数值再____________一遍，无异议时，才可记录在表格中。记录有误，不能用橡皮擦拭，应____________。

二、选择题（请在下列选项中选择一个正确答案并填在括号内）

1. DS_1水准仪的观测精度（　　）DS_3水准仪。

A. 高于　　B. 接近于　　C. 低于　　D. 等于

2. 望远镜的视准轴是（　　）。

A. 目镜光心与物镜组合光心的连线

B. 物镜组合光心与十字丝交点的连线

C. 目镜光心与十字丝交点的连线

D. 望远镜镜筒的中心线

3. 水准仪观测时的操作顺序是（　　）。

A. 粗平→精平→瞄准→读数　　B. 精平→粗平→瞄准→读数

C. 粗平→瞄准→精平→读数　　D. 以上无正确操作顺序

4. 仪器视线高程是（　　）。

A. 望远镜十字丝交点到地面的距离　　B. 仪器安置好后视线的高度

C. 仪器视线到大地水准面的垂直距离　　D. 仪器视准轴到地面的垂直距离

5. 水准测量后视 A 点读数为 2.713 m，前视 B 点读数为 1.401 m，已知 $H_A = 15.000$ m，则 H_B =（　　）m。

A. 10.886　　B. 13.688　　C. 16.312　　D. 19.114

6. 有 A、B 两点，H_A为 115.032 m，H_B为 114.729 m，则 h_{AB}为（　　）m。

A. −0.303　　B. 0.303　　C. 29.761　　D. −29.761

三、判断题（判断正误并在括号内填“√”或“×”）

1. 水准测量是利用水准仪提供的一条水平视线，并借助水准尺，来测定地面两点间的高差，这样就可由已知点的高程推算未知点的高程。（　　）

2. 在水准测量中，利用高差法进行计算时，两点的高差等于前视读数减去后视读数。（　　）

3. 在水准测量中，利用视线高法进行计算时，视线高等于前视点高程加上前视读数。（　　）

4. 水准仪的视线高程是指视准轴到地面的垂直高度。（　　）

5. 水准测量中起传递高程作用的点称为转点。（　　）

6. 水准测量是高程测量仅有的一种方法。（　　）

四、问答题

1. 水准测量的原理是什么？计算高程的方法有哪几种？

2. 水准仪由哪几部分组成？各部分的作用是什么？

3. 水准仪的使用包括哪些操作步骤？

五、计算题

如图 1—1 所示，已知 A 点桩顶高程为 ±0. 000 m，后视 A 点读数 a = 1. 217 m，前视 B 点读数 b = 2. 426 m，求 B 点高程。

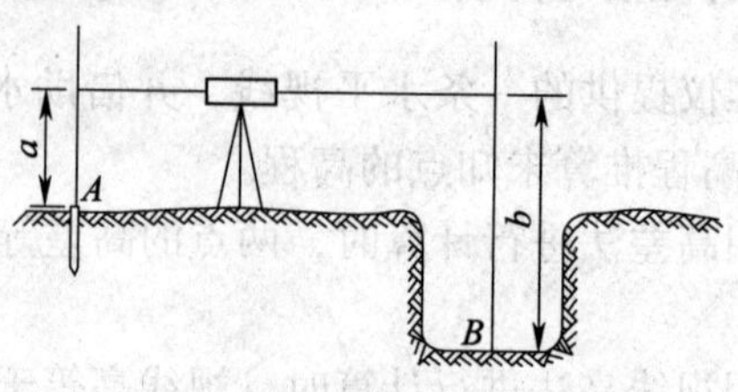

图 1—1

任务二　连续水准测量的实施

一、填空题（请将正确答案填在横线上）

1. 水准测量的校核包括测站校核、＿＿＿＿＿＿与＿＿＿＿＿＿。测站校核通常又有＿＿＿＿＿＿和＿＿＿＿＿＿＿两种方法，其精度要求均为＿＿＿＿＿＿。

2. 在进行水准测量时，对地面上 A、B、C 点的水准尺读取读数，其值分别为 1.325 m、1.005 m、1.555 m，则高差 $h_{BA}=$＿＿＿＿，$h_{BC}=$＿＿＿＿，$h_{CA}=$＿＿＿＿。

3. 在水准测量中，转点的作用是＿＿＿＿＿；在同一转点上，既有＿＿＿＿＿，又有＿＿＿＿＿。

4. 水准测量的转点，若找不到坚实稳定且凸起的地方，必须用＿＿＿＿＿踩实后立尺。

二、选择题（请在下列选项中选择一个正确答案并填在括号内）

1. 在水准测量中，转点的作用是传递（　　）。

A. 方向　　B. 高程　　C. 距离

2. 在水准测量中，同一测站，当后尺读数大于前尺读数时，说明后尺点（　　）。

A. 高于前尺点　　B. 低于前尺点

C. 高于测站点　　D. 与前尺点等高

3. 安置水准仪于 O 点处，分别测出 A、B、C、D 四点的水准尺读数为 1.435 m、1.073 m、0.523 m、2.765 m，则最低点为（　　）。

A. A 点　　B. B 点　　C. C 点　　D. D 点

三、判断题（判断正误并在括号内填"√"或"×"）

1. 在水准测量中，测站校核通常采用变动仪器高法和双面尺法。（　　）

2. 水准测量中常要用到尺垫，尺垫的作用是防止点被移动。（　　）

四、问答题

1. 试述水准测量中计算校核的作用是什么。

2. 简述水准测量中测站校核的方法。

五、计算题

1. 根据下表所列观测数据，计算高差、转点和 BM_4 的高程并进行校核计算。

水准测量记录格式表

测点	后视（m）	前视（m）	高差		高程（m）	备注
			+	−		
BM_2	1.464				515.234	
TP_1	0.746	1.124				
TP_2	0.524	1.524				
TP_3	1.654	1.343				
BM_4		2.012				
校核计算	$\sum a =$	$\sum b =$	$\sum(+h) =$	$\sum(-h) =$		
	$\sum a - \sum b =$		$\sum h =$		$H_{BM4} - H_{BM2} =$	

2. 如图 1—2 所示，在水准点 BM_1 至 BM_2 间进行水准测量，试在水准测量记录表中进行记录与计算，并做计算校核（已知 $BM_1=138.952$ m，$BM_2=142.110$ m）。

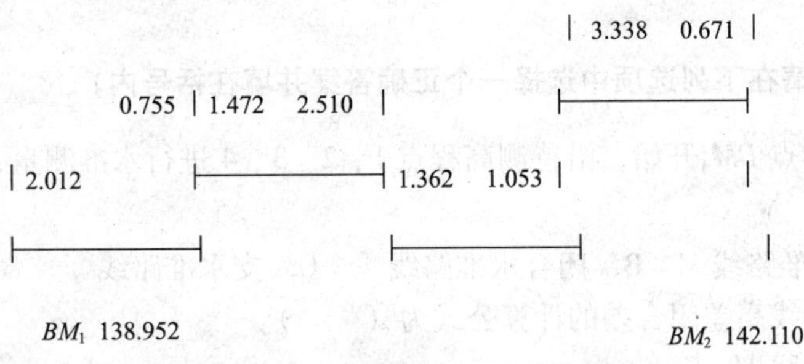

图 1—2

测点	后视（m）	前视（m）	高差		高程（m）
			+	−	
校核计算					

任务三 附合水准路线内业计算

一、填空题（请将正确答案填在横线上）

1. 在同一条水准路线上进行等精度观测，则闭合差调整的方法是________。

2. 一般工程水准测量高差允许闭合差为____________或____________。

3. 闭合水准路线高差闭合差是____________与理论高差总和值之差。

4. 水准路线布设的形式有支水准路线、闭合水准路线、水准网和____________水准路线。

二、选择题（请在下列选项中选择一个正确答案并填在括号内）

1. 从已知水准点 BM_A 开始，沿待测高程点 1、2、3、4 进行水准测量，最后附合到另一水准点，称为（　　）。

A. 附合水准路线　　B. 闭合水准路线　　C. 支水准路线

2. 附合水准路线高差闭合差的计算公式为（　　）。

A. $f_h = |h_{往}| - |h_{返}|$

B. $f_h = \sum h$

C. $f_h = \sum h - (H_{终} - H_{始})$

3. 由 A 点（$H_A = 417.298$ m）经 Q 点至 B 点（$H_B = 413.460$ m）进行水准测量，得各段高差和距离如图 1—3 所示，由此算得 Q 点的高程为（　　）m。

A. 414.868　　B. 414.850　　C. 414.856　　D. 414.859

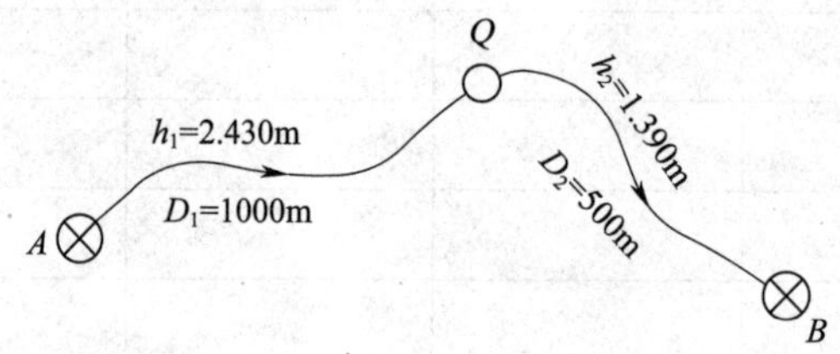

图 1—3

4. 附合水准路线高差闭合差改正是按照闭合差与（　　）成正比，按相反符号分配到各相应测段的高差上，使改正后的高差总和满足理论值的要求。

A. 路线长度　　B. 测站数

C. 路线长度或测站数　　D. 全长闭合差

5. 设有附合水准路线 A—1—2—3—B，A、B 点高程分别为 $H_A = 240.233$ m，$H_B = 242.008$ m，各段高差分别为 $h_{A1} = -3.280$ m，$h_{12} = +2.352$ m，$h_{23} = +0.030$ m，$h_{3B} = +2.703$ m，则高差闭合差为（　　）m。

A. -0.030　　B. 0.010　　C. 0.030　　D. -0.010

三、判断题（判断正误并在括号内填“√”或“×”）

1. 附合水准路线中各待定高程点高差的代数和在理论上等于零。（　　）

2. 在水准测量内业工作中，高差闭合差的调整是按与测站数（或距离）成正比例反符号分配的原则进行。（　　）

3. 在附合水准路线中，根据闭合差调整后的高差，由起始点 A 开始，推算出各点高程，最后算得终点 B 的高程应与已知的高程 H_B 相等。（　　）

四、问答题

1. 普通水准路线有哪几种布设形式？试绘图说明，并写出附合水准路线高差闭合差的公式。

2. 试述水准测量的内业工作。

五、计算题

1. 根据附合水准路线的观测成果计算下表中的改正数、改正后高差及各点的高程。

$$\frac{BM_6}{46.215}\otimes\frac{10\text{站}}{+0.748}\overset{\text{Ⅰ}}{\bigcirc}\frac{5\text{站}}{-0.432}\overset{\text{Ⅱ}}{\bigcirc}\frac{7\text{站}}{+0.543}\overset{\text{Ⅲ}}{\bigcirc}\frac{4\text{站}}{-0.245}\overset{\text{Ⅳ}}{\bigcirc}\frac{9\text{站}}{-1.477}\otimes\frac{BM_{10}}{45.330}$$

点号	测站数	实测高差（m）	改正数（mm）	改正后高差（m）	高程（m）	备注
BM_6					46.215	
	10	+0.748				
Ⅰ						
	5	−0.432				
Ⅱ						
	7	+0.543				$\Delta h_{允}=$
Ⅲ						
	4	−0.245				
Ⅳ						
	9	−1.477				
BM_{10}					45.330	
$\sum$					$H_{BM10}-H_{BM6}=$	

2. 在水准点 BM_a和 BM_b之间进行普通水准测量，测得各测段的高差及其测站数 n_i，如图1—4 所示。试将有关数据填在水准测量高差调整表中，并在水准测量高差调整表中计算出水准点1 和2 的高程（已知 BM_a 的高程为5. 612 m，BM_b的高程为5. 412 m）。

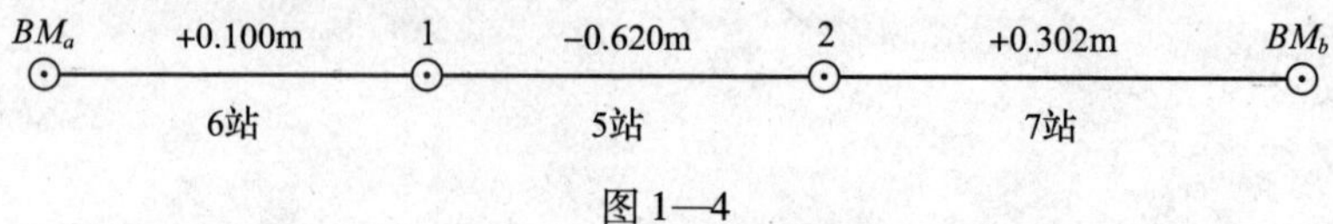

图 1—4

水准测量高差调整表

点号	测站数	实测高差（m）	改正数（mm）	改正后高差（m）	高程（m）
BM_a					5. 612
1					
2					
BM_b					5. 412
$\sum$					

$H_a - H_b =$

$f_h =$

$f_{h允} =$

每站改正数 =

任务四　闭合水准路线与支水准路线上各点高程的推算

一、填空题（请将正确答案填在横线上）

1. 闭合水准路线各测段高差代数和理论上应等于____________。

2. 支水准路线既不是附合路线，也不是闭合路线，要求进行________测量，才能求出高差闭合差。

二、选择题（请在下列选项中选择一个正确答案并填在括号内）

1. 从已知水准点 BM_A 开始，沿待测高程点 1、2、3、4 进行水准测量，最后闭合到水准点 BM_A，称为（　　）。

A. 附合水准路线　　B. 闭合水准路线　　C. 支水准路线

2. 高差的代数和理论上应等于零的是（　　）水准路线。

A. 附合和闭合　　B. 闭合和支　　C. 附合和支

3. 不同等级的水准测量，对高差闭合差容许值的规定（　　）。

A. 相同　　B. 不同　　C. 无所谓

4. 由于（　　）缺乏检核条件，所以必须进行往返测量。

A. 附合水准路线　　B. 闭合水准路线

C. 支水准路线　　D. 普通水准路线

三、判断题（判断正误并在括号内填“√”或“×”）

1. 水准测量中，闭合水准路线高差闭合差等于各站高差的代数和。（　　）

2. 水准测量中，计算检核不但能检查计算是否正确，而且能检核观测和记录是否存在错误。（　　）

3. 闭合水准路线上高差的代数和在理论上等于零。（　　）

4. 起止于两个已知点的导线称为支导线。（　　）

5. 支水准路线是从一个已知高程的水准点出发，沿待定点进行水准测量，最后附合到另外一个已知高程的水准点上。（　　）

6. 往返水准路线高差平均值的正负号是以往测高差的符号为准。（　　）

7. 闭合差等于零，说明没有观测误差。（　　）

四、问答题

1. 什么是闭合水准路线？试绘图说明，并写出闭合水准路线高差闭合差的公式。

2．什么是支水准路线？写出支水准路线高差闭合差的公式。

五、计算题

1．设有闭合水准线路 A—1—2—3—A，各段高差及测站数 n 如图1—5所示，求各段改正后高差（$f_{允}=\pm 6\sqrt{n}$）及各点高程（已知 $H_A=500.000$ m）。

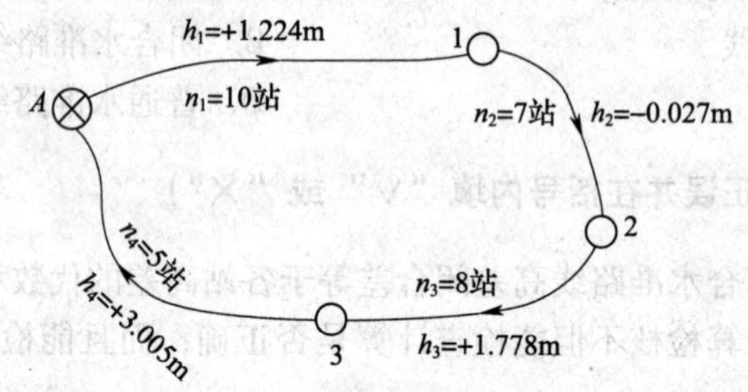

图1—5

2．如图1—6所示，A 为已知高程的水准点，其高程 H_A 为45.276 m，1点为待定高程的水准点，h_f 和 h_b 为往返测量的观测高差。往、返测的测站数共16站，计算1点的高程。

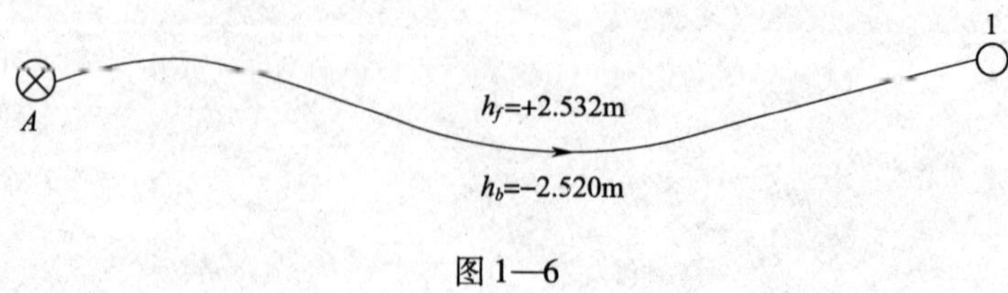

图1—6

任务五　普通水准仪的检验与校正

一、填空题（请将正确答案填在横线上）

1. 水准仪的检验和校正项目有＿＿＿＿＿、＿＿＿＿＿、＿＿＿＿＿。
2. 水准测量时，前后视距相等可消除＿＿＿＿＿＿等误差。
3. 视差是＿＿＿＿＿＿而形成的。

二、选择题（请在下列选项中选择一个正确答案并填在括号内）

1. 水准仪观测时，因长水准管轴不平行于视准轴（　　）。
   A. 会引起系统误差　　B. 会引起偶然误差
   C. 会引起系统误差和偶然误差　　D. 不会引起误差
2. 关于微倾水准仪水准管轴不平行于视准轴引起的误差，下列说法正确的是（　　）。
   A. 误差大小是固定的，与前后视距无关
   B. 误差大小与高差成比例，与前后视距无关
   C. 误差大小与前后视距之和成比例
   D. 误差大小与前后视距之差成比例
3. 水准测量中，水准点之间测站数取偶数的主要目的是消除（　　）误差。
   A. $LL \not\parallel CC$ 所引起的误差　　B. 地球曲率
   C. 水准尺倾斜　　D. 水准尺误差
4. 望远镜视准轴不垂直于横轴是因为（　　）。
   A. 仪器未整平　　B. 目镜光心位置不正确
   C. 十字丝交点位置不正确　　D. 横轴不水平
5. 水准仪各轴线应满足的关系为（　　）（其中 $L'L'$、LL、VV、CC 分别为圆水准轴、水准管轴、仪器竖轴、视准轴）。
   A. $L'L' \perp LL$　$LL /\!/ CC$　　B. $L'L' /\!/ CC$　$LL /\!/ VV$
   C. $L'L' /\!/ VV$　$LL /\!/ CC$　　D. $L'L' \perp VV$　$LL /\!/ CC$
6. 水准仪长水准管校正时，气泡应（　　）。
   A. 拨回偏离的一半
   B. 半像重合
   C. 拨回偏离的一半，另一半用脚螺旋调至居中
   D. 先动脚螺旋返回一半，再拨校正螺钉居中
7. 水准尺前后倾斜时的读数比直立时的读数（　　）。
   A. 向前倾斜大，向后倾斜小　　B. 向后倾斜大，向前倾斜小
   C. 小　　D. 大

三、判断题（判断正误并在括号内填“√”或“×”）

1. 如果仪器竖轴 VV 与圆水准轴 $L'L'$不平行，且交角为 α，用脚螺旋使圆水准器气泡居

中后，再将仪器旋转 180°，则此时仪器竖轴与圆水准轴的交角仍为 α，但圆水准器气泡表现出 2α 的偏差。（　）

2. 将水准仪安置在前后视距相等的位置，可消除水准管轴不平行于视准轴引起的误差。（　）

3. 水准仪的水准管气泡居中时，视准轴一定是水平的。（　）

4. 水准仪管水准器的检验与校正目的是使水准管轴平行于视准轴。（　）

5. 在水准测量中，前后视距应绝对相等，否则必然会产生较大的误差。（　）

四、问答题

1. 微倾水准仪有哪几条轴线？它们之间应满足什么条件？

2. 水准仪的检验与校正有哪些内容？

3. 为什么要把水准仪安置在前后视距大致相等的地点进行观测？

4. 水准测量中产生误差的原因有哪些？

五、计算题

在对 DS_3 型微倾水准仪进行检校时，先将水准仪安置在 A 和 B 两立尺点中间，使气泡严格居中，分别读得两尺读数为 $a_1=1.573$ m，$b_1=1.415$ m，然后将仪器搬到 A 尺附近，使气泡居中，读得 $a_2=1.834$ m，$b_2=1.696$ m。问：（1）正确的高差是多少？（2）水准管轴是否平行于视准轴？（3）若不平行，应如何校正？

模块二 角度测量

任务一 经纬仪角度测量

一、填空题（请将正确答案填在横线上）

1. 水平角是____。
2. 观测水平角时，对中的目的是______________________________。
3. 观测水平角时，整平的目的是______________________________。
4. 在水平角观测中，若要求观测三个测回，已知第一个测回起始方向读数为0°12′00″，则第二个测回起始方向读数应配置在__________。
5. 转动脚螺旋整平仪器时，气泡移动的方向应与__________移动的方向一致。

二、选择题（请在下列选项中选择一个正确答案并填在括号内）

1. 某水平角需要观测六个测回，第五个测回度盘起始读数应配置在（　　）附近。
   A. 60°　　B. 120°　　C. 150°　　D. 90°
2. 水平角观测一测回解释为（　　）。
   A. 全部测量一次称为一测回
   B. 往返测量称为一测回
   C. 盘左、盘右观测的两个半测回合称为一测回
   D. 循环着测一次
3. 用经纬仪测角时，水平度盘各测回拨动180°/n是为了（　　）。
   A. 防止错误　　B. 提高精度
   C. 减小归零差　　D. 减小度盘刻划不均匀误差
4. 水平角要求观测四个测回，第四个测回度盘应配置在（　　）附近。
   A. 45°　　B. 90°　　C. 135°　　D. 180°
5. 经纬仪安置在O点，目标A、B方向读数如图2—1所示，∠BOA的值为（　　）。
   A. 169°16′12″
   B. 190°43′48″
   C. 170°04′48″
   D. 190°19′30″
6. 测回法测水平角，计算角度总是用右目标读数减左目标读数，其原因在于（　　）。
   A. 水平度盘刻度是顺时针增加的

A　0°24′18″　O　169°40′30″　B

图2—1

B. 右目标读数大，左目标读数小

C. 水平度盘刻度是逆时针增加的

D. 倒过来减可能得负数

三、判断题（判断正误并在括号内填“√”或“×”）

1. 用经纬仪观测水平角时，对中的作用是将水平度盘中心安放在测站点铅垂线处。（　　）

2. 用经纬仪观测水平角时，仪器整平的目的是使水平度盘水平和竖轴竖直。（　　）

3. DJ_6表示水平方向测量一测回的方向中误差不超过±6″的大地测量经纬仪。（　　）

4. 光学经纬仪的水平度盘是由玻璃制成的圆环，在其上刻有分划，从0°到360°，且逆时针方向注记。（　　）

5. 用经纬仪观测水平角时，已知左目标读数为350°00′00″，右目标读数为10°00′00″，则该角的值为20°00′00″。（　　）

四、问答题

1. 何谓水平角？若某测站点与两个不同高度的目标点位于同一竖直面内，那么其构成的水平角是否相等？

2. 说明经纬仪各部件和螺旋的作用。

3. 观测水平角时，对中整平的目的是什么？试述用光学对中器对中整平的步骤和方法。

4．简述测回法测水平角的步骤。

5．计算水平角时，如果被减数不够减时为什么可以再加 360°？

五、计算题

1．根据表中测回法测水平角的记录，计算前后半测回角值和平均角值。

<table>
<tr><th rowspan="2">测站</th><th rowspan="2">测回</th><th rowspan="2">测点</th><th rowspan="2">镜位</th><th>读数</th><th>角值</th><th>正倒镜平均值</th><th>各测回平均值</th></tr>
<tr><th>° ′ ″</th><th>° ′ ″</th><th>° ′ ″</th><th>° ′ ″</th></tr>
<tr><td rowspan="4">A</td><td rowspan="4">1</td><td>B</td><td rowspan="2">正</td><td>5 10 12</td><td></td><td></td><td></td></tr>
<tr><td>C</td><td>95 23 54</td><td></td><td></td><td></td></tr>
<tr><td>B</td><td rowspan="2">倒</td><td>185 10 18</td><td></td><td></td><td></td></tr>
<tr><td>C</td><td>275 23 48</td><td></td><td></td><td></td></tr>
</table>

2. 根据表中观测水平角数据，完成测回法测水平角的记录和计算。

测站	盘位	目标	水平度盘读数（° ′）	半测回角值（° ′）	测回角值（° ′）
A	*B*	左	85 54		
		右	274 08		
	C	左	93 50		
		右	266 12		

任务二　竖直角测量

一、填空题（请将正确答案填在横线上）

1. 某仪器竖盘刻划按逆时针注记，盘左始读数为 90°，若用竖直角计算公式计算竖直角，盘左为____________，盘右为____________。

2. 竖直角是____。

3. 竖直角有正、负之分，仰角为__________，俯角为__________。

4. 在竖直角测量中，当竖盘指标水准管气泡居中时，指标并不恰好指向其正确位置 90°或 270°，而是与正确位置相差一个小角度 x，x 即为________。

5. 当经纬仪的望远镜上下转动时，竖直度盘______________。

6. 进行竖直角观测时，盘左位竖盘读数为 55°29′48″，盘右位竖盘读数为 304°29′48″，已知盘左起始位角度为 90°，且望远镜仰起时读数减小，则计算后竖直角为__________，指标差为__________。

二、选择题（请在下列选项中选择一个正确答案并填在括号内）

1. 某仪器竖盘刻划按逆时针注记，盘左始读数为 90°，若用竖直角计算公式计算竖直角，盘左为（　　）。

A. $90° - L$　　B. $L - 90°$　　C. $270° - L$　　D. $L - 270°$

2. 用校正好的经纬仪观测同一竖直面内不同高度的若干目标，水平盘读数（　　），竖盘读数（　　）。

A. 相同　相同　　B. 不相同　不相同

C. 相同　不相同　　D. 不相同　相同

3. 一台望远镜视线水平时，盘左竖盘读数为 90°；望远镜视线向上倾斜时读数减少的 DJ_6 型光学经纬仪观测目标，得盘左、盘右竖盘读数为 $L=124°03'30''$，$R=235°56'54''$，则算得竖直角及指标差为（　　）。

A. $+34°03'18''$，$-12''$　　B. $-34°03'18''$，$+12''$

C. $-34°03'18''$，$-12''$　　D. $+34°03'18''$，$-24''$

4. 观测竖直角时，调节竖盘指标水准管气泡居中的目的是（　　）。

A. 使横轴水平　　B. 使指标处于正确位置

C. 使竖轴竖直　　D. 使视准轴水平

5. 用经纬仪观测竖直角时，指标水准管气泡（　　）。

A. 每次读数前居中

B. 一次居中转到任何方向都应居中，否则校正

C. 居中后观测过程中不能再调动

D. 偏离在允许范围内可以观测

三、判断题（判断正误并在括号内填"√"或"×"）

1. 竖直角是指同一竖直面内视线与水平线间的夹角，因此在竖直角观测中只需读取目标点一个方向的竖盘读数。（　　）

2. 用经纬仪观测竖直角时，如果盘左观测时计算竖直角的公式为 $\alpha_{左}=90°-L$，那么盘右观测时计算竖直角的公式为 $\alpha_{右}=270°-R$。（　　）

3. 如果经纬仪盘左位置时其始读数为 90°，当望远镜视线上仰时读数减小，这时竖直角计算公式为 $\alpha_{左}=90°-L$。（　　）

4. 竖直度盘的刻划方向为顺时针。（　　）

5. 当经纬仪的望远镜上下转动时，竖直度盘与望远镜一起转动。（　　）

四、问答题

1. 试述观测竖直角的步骤。

2．某经纬仪视线水平时，盘左竖直度盘读数为0°且为顺时针刻划，试推算它的竖直角计算公式。

3．何谓竖盘指标差？观测竖直角时如何消除竖盘指标差的影响？

五、计算题

用 DJ_6 型光学经纬仪进行竖直角测量，其观测数据填于表中，计算竖直角和指标差（竖盘按顺时针注记，望远镜上仰读数减小）。

测站	测点	镜位	竖盘读数	角值	正倒镜平均值	指标差
			° ′	° ′	° ′	° ′
A	*B*	左	85 54			
		右	274 08			
	C	左	93 50			
		右	266 12			

任务三　角度测量误差分析与经纬仪的校验

一、填空题（请将正确答案填在横线上）

1. 在经纬仪测角中，用盘左、盘右观测取中数的方法可以消除__________的影响。

2. 用经纬仪盘左、盘右两个盘位观测水平角，取其观测结果的平均值，可以消除__________、__________、__________对水平角的影响。

3. 经纬仪各轴线间应满足下列几何关系：______、______、______、______、______。

4. 经纬仪的主要几何轴线有____________、____________、____________、____________。

二、选择题（请在下列选项中选择一个正确答案并填在括号内）

1. 用经纬仪测水平角，由于存在对中误差，目标偏斜致使水平角产生误差，这种误差（　　）。

A. 边长越长，误差越大

B. 边长越短，误差越大

C. 边长越长，对中误差对测角精度影响大，对目标偏斜影响小

D. 边长越短，对中误差对测角精度影响大，对目标偏斜影响小

2. 经纬仪各主要轴线应满足的关系为（　　）。

A. $LL \perp VV$，$CC /\!/ HH$，$HH \perp VV$

B. $LL /\!/ VV$，$CC \perp HH$，$HH \perp VV$

C. $LL \perp VV$，$CC \perp HH$，$HH /\!/ VV$

D. $LL \perp VV$，$CC \perp HH$，$HH \perp VV$

3. 要消除度盘刻划误差对水平角观测的影响，采用的方法是（　　）。

A. 各测回间改变度盘起始位置

B. 盘左、盘右观测

C. 消除视差

D. 认真估读减小读数误差

4. 经纬仪视准轴检验与校正的目的是（　　）。

A. 使视准轴垂直于横轴

B. 使横轴垂直于竖轴

C. 使视准轴平行于水准管轴

5. 在经纬仪照准部水准管校验过程中，大致整平后使水准管平行于一对脚螺旋，把气泡居中，照准部旋转180°后，气泡偏离零点，说明（　　）。

A. 水准管轴不平行于横轴

B. 仪器竖轴不垂直于横轴

C. 水准管轴不垂直于仪器竖轴

6. 用经纬仪观测水平角时，尽量照准目标的底部，其目的是为了消除（　　）误差对

测角的影响。

A. 对中　　　　　　　B. 照准　　　　　　　C. 目标偏离中心

三、判断题（判断正误并在括号内填"√"或"×"）

1. 观测水平角时，为了提高精度需观测多个测回，则各测回的度盘配置应按 $360°/n$ 的值递增。（　　）

2. 观测水平角时，各测回改变起始读数（对零值）递增值为 $180°/n$，这样做是为了消除度盘分划不均匀误差。（　　）

3. 在竖直角观测中，即使用正倒镜观测取其平均值也不能消除竖盘指标差，只有通过校验才能消除指标差。（　　）

4. 在观测水平角时，边长越短，目标偏心所引起的误差就越大。（　　）

四、问答题

1. 经纬仪有几条主要轴线？各轴线间应满足怎样的几何关系？为什么要满足这些条件？这些条件若不满足，如何进行检验？

2. 采用盘左盘右可消除哪些误差？能否消除仪器竖轴倾斜引起的误差？

3. 当边长较短时，更要注意仪器的对中误差和瞄准误差吗？为什么？

模块三 距 离 测 量

任务一 钢 尺 量 距

一、填空题（请将正确答案填在横线上）

1. 测量中的距离是指两点间的____________距离。

2. 两点间的水平距离是指地面上两点垂直投影到________上的直线距离。

3. 对线段 *AB* 进行往返丈量，其结果为 149.975 m 和 150.025 m，则 *AB* 的长度为________ m，相对误差为________。

4. 用钢尺往返丈量一段距离，其平均值为 184.26 m，要求量距的相对误差达到 1/5 000，则往返丈量距离之差不能超过________。

5. 用钢尺丈量某段距离，往测为 112.314 m，返测为 112.329 m，则相对误差为________。

6. 用钢尺在平坦的地面上丈量 *AB*、*CD* 两段距离，*AB* 往测为 476.4 m，返测为 476.3 m；*CD* 往测为 126.33 m，返测为 126.3 m，则 *AB* 比 *CD* 的丈量精度要______。

二、选择题（请在下列选项中选择一个正确答案并填在括号内）

1. 甲、乙两组测量 *A*、*B* 两点的水平距离，甲组测得的结果为 1 000.010 m ± 6 mm，乙组测得的结果为 1 000.002 m ± 2 mm，则 *A*、*B* 两点之间的距离应为（　　）m（小数点后保留三位）。

A. 1 000.005　　B. 1 000.001　　C. 1 000.006　　D. 1 000.003

2. 用一把比标准长度短的尺子丈量某段距离，丈量值比标准尺丈量值（　　）。

A. 小　　B. 相等

C. 大、小随机出现　　D. 大

3. 某段距离往测为 82.424 m，返测为 82.460 m，相对误差为（　　）。

A. 36/82 442　　B. 0.000 4　　C. 1/2 290　　D. 0.44‰

4. 对线段 *AB* 进行往返丈量，其结果为 149.975 m 和 150.025 m，则 *AB* 的长度为（　　）m。

A. 150.000　　B. 150.010　　C. 149.990　　D. 150.015

5. 某钢尺名义长度为 30 m，检定时的实际长度为 30.012 m，用其丈量了一段 23.586 m 的距离，则尺寸改正数应为（　　）m。

A. −0.012　　B. 0.012　　C. −0.009　　D. 0.009

三、判断题（判断正误并在括号内填“√”或“×”）

1. 用钢尺往返丈量一段距离，其平均值为 184.26 m，要求量距的相对误差为 1/3 000，则往返测距离之差绝对值不能超过 0.061 m。 （ ）

2. 用实际长度比名义长度短的钢尺丈量地面两点间的水平距离，所测得的结果比实际距离长。 （ ）

3. 钢尺上所标注的长度称为钢尺的实际长度。 （ ）

4. 系统误差具有累积性。 （ ）

四、问答题

1. 量距时为什么要进行直线定线？如何进行直线定线？

2. 测量中的水平距离指的是什么？如何计算相对误差？

3. 哪些因素会导致钢尺量距产生误差？应注意哪些事项？

五、计算题

1．丈量两段距离，一段往返测为 126. 78 m、126. 68 m；另一段往返测为 357. 23 m、357. 33 m。两段距离丈量的结果各为多少？试问哪一段量得精确？

2．设用 30 m 钢尺丈量导线边 *AB* 的水平距离，往测 8 整尺，余长 15. 006 m，返测 8 整尺，余长 14. 960 m，计算丈量结果和丈量精度。

3．有一段距离 *AB*，往测时为 85. 31 m，返测时为 85. 33 m，求 D_{AB} 及精度。

任务二　视距测量

一、填空题（请将正确答案填在横线上）

1. 视距测量的特点是＿＿＿＿＿＿＿＿＿＿，缺点是＿＿＿＿＿＿＿＿＿＿，因此主要用于＿＿＿＿＿＿＿＿＿＿。

2. 视距测量计算距离公式为＿＿＿＿＿＿。

3. 进行视线倾斜的视距测量时，除了需要读取上下丝读数以外，还要读取竖盘读数＿＿＿＿＿＿。

4. 视距测量是利用望远镜内视距丝装置，根据几何光学原理，同时测定两点间的＿＿＿＿＿＿。

二、选择题（请在下列选项中选择一个正确答案并填在括号内）

1. 已知 A 点高程为 234.88 m，AB 间距离为 581.38 m，从 A 点测 B 点时，竖直角 α 为 11°38′30″，仪器高为 1.50 m，B 点标高 V 为 2.50 m，则 B 点的高程为（　　）m。

A. 353.95　　B. 353.40　　C. 335.23　　D. 353.59

2. 已知 A 点高程 $H_A=62.118$ m，水准仪观测 A 点标尺的读数 $a=1.345$ m，则仪器视线高程为（　　）m。

A. 60.773　　B. 63.463　　C. 62.118

3. 视距测量中，读得标尺下、中、上三丝读数分别为 1.548 m、1.420 m、1.291 m，算得竖直角为 −2°34′。设仪器高为 1.45 m，测站点至标尺点间的平距和高差为（　　）。

A. 25.7 m、1.15 m　　B. 25.6 m、−1.12 m

C. 25.6 m、−1.18 m　　D. 25.7 m、−1.12 m

4. 下列（　　）是表示视线倾斜时视距测量所得出的水平距离。

A. KS　　B. $KS\cos\alpha$　　C. $KS\cos^2\alpha$　　D. $\frac{1}{2}KS\sin2\alpha$

5. 利用视距测量测定碎部点的平距和高程时，通过（　　）可以求出碎部点的平距和高程（望远镜中丝瞄准水准尺，测站高程已知）。

A. 上丝、下丝读数及竖盘读数

B. 中丝读数及竖盘读数

C. 上丝、中丝、下丝读数

6. 在测站 B 进行视距测量，仪器高为 1.40 m，算得视线高程 $H_{视}$ 为 211.45 m，在 2 点立尺，中丝截在 1.45 m 处，测算的高差为 +5.22 m，2 点的高程为（　　）m。

A. 215.22　　B. 216.62　　C. 216.27　　D. 215.27

三、判断题（判断正误并在括号内填"√"或"×"）

1. 视线倾斜时计算距离公式为 $D=KL$。（　　）

2. 视线倾斜进行视距测量，水平距离计算公式为 $D = Kn + C$。（　　）

3. 经纬仪视距法测距要比钢尺量距准确。（　　）

4. 视距测量时，中丝读数不等于仪器高也是可以的。（　　）

5. 经纬仪视距测量不但可以测定两点间的水平距离，而且可以测定两点间的高差。（　　）

6. 视距测量可同时测定地面上两点间的水平距离和高差。但其操作受地形限制，精度较高。（　　）

四、问答题

1. 什么是视距测量？视距测量所使用的仪器工具有哪些？

2. 写出视距测量斜视线时计算水平距离和初算高差的公式。

3. 视距测量时为了减小误差应注意哪些问题？

五、计算题

1. 用经纬仪观测得目标竖直角 $\alpha=45°00'00''$，已知 AB 间平距 $D_{AB}=27.18$ m，仪器高 $a=1.43$ m，目标高 $b=25.34$ m，试求 AB 两点间的高差 h_{AB}。

2. 用经纬仪进行距离测量的记录列于下表，仪器高 $i=1.532$ m，测站点高程为 7.481 m，试计算测站点至各照准点的水平距离及各照准点的高程。

距离测量记录表 m

点号	下丝读数	上丝读数	中丝读数	视距间隔	竖盘读数（° ′）	竖直角（° ′）	水平距离	高差	高程	备注
1	1.766	0.902	1.383		84 32					$\alpha=90°-L$
2	2.165	0.555	1.360		87 25					
3	2.570	1.428	2.000		93 45					
4	2.871	1.128	2.000		86 13					

模块四　全站仪的测量与放样功能使用

任务一　全站仪三维坐标测量

一、填空题（请将正确答案填在横线上）

1．全站仪可同时进行__________测量、__________测量和数据处理。

2．全站仪内部有四大光电系统，即__________系统、__________系统、__________系统、__________系统。

3．配合全站仪完成测量工作的辅助设备有__________、__________。

4．全站仪按精度来分，有________级、________级、________级。

5．全站仪测量用棱镜主要有__________、__________、__________。

二、选择题（请在下列选项中选择一个正确答案并填在括号内）

1．全站仪由光电测距仪、电子经纬仪和（　　）组成。

A．电子水准仪　　B．坐标测量仪

C．读数感应仪　　D．数据处理系统

2．用全站仪进行距离或坐标测量前，需要设置正确的大气改正数，设置的方法可以是直接输入测量时的气温和（　　）。

A．气压　　B．湿度　　C．海拔　　D．风力

3．用全站仪进行距离或坐标测量前，不仅需要设置正确的大气改正数，还需要设置（　　）。

A．乘常数　　B．湿度　　C．棱镜常数　　D．温度

4．根据全站仪坐标测量原理，在测站点瞄准后视点后，方向值应设置为（　　）。

A．测站点至后视点的方位角　　B．后视点至测站点的方位角

C．0°0′0″　　D．90°

5．用全站仪测高程的原理是（　　）。

A．水准测量原理　　B．导线测量原理

C．三角测量原理　　D．三角高程测量原理

三、判断题（判断正误并在括号内填“√”或“×”）

1．在用全站仪进行角度测量时，若棱镜不输入棱镜常数和大气改正数，不会影响测角值。（　　）

2．在用全站仪进行点位放样时，若棱镜高和仪器高输入错误，会影响放样点平面位置。（　　）

3．全站仪的主要技术指标只有最大测程、测角精度、放大倍率。（　　）

4．若某全站仪的标称精度为 ±（3 mm + 2 × 10 – 6D），则用此全站仪测量 2 km 长的距离，其误差大小为 ±5 mm。（　　）

5．全站仪与计算机进行数据通信前，必须将全站仪和计算机上的通信参数设置一致，主要有波特率、校验位（Parity）、停止位（Stop Bit）和回答方式（Protocol）。（　　）

四、问答题

1．全站仪有哪些测量功能？

2．简述全站仪三维坐标测量的主要步骤。

五、计算题

在图 4　1 所示对边测量中，仪器在 A 点已测得 AP_1 的水平距离 S_1 为 235.655 m，h_{AP1} = 1.365 m，AP_2 的水平距离 S_2 为 305.236 m，h_{AP2} = 2.128 m，S_1 与 S_2 的水平夹角为 44°12′25″，试计算 P_1P_2 的水平距离及其高差。

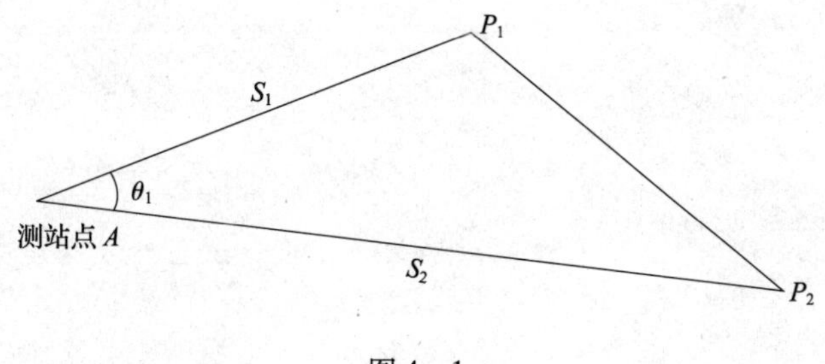

图 4—1

任务二　全站仪放样功能的使用

一、填空题（请将正确答案填在横线上）

1．全站仪坐标放样是根据输入的测站点、后视点、放样点的三维坐标，仪器反算出测站点至__________、放样点的坐标方位角、__________。

2．全站仪放样照准目标测量时，能显示照准点至待放点的__________、__________。

二、选择题（请在下列选项中选择一个正确答案并填在括号内）

1．全站仪放样方法一般有（　　）。

A．角度放样　　B．距离放样

C．坐标放样　　D．角度和距离放样

2．用全站仪进行坐标放样前，仍需在仪器里设置气压和（　　）。

A．温度　　B．湿度　　C．海拔　　D．风力

三、判断题（判断正误并在括号内填"√"或"×"）

1．在用全站仪测量某点坐标后，开始用坐标法放样另一个待放点，无须重新建站。（　　）

2．在用全站仪进行点位放样时，若棱镜高和仪器高输入错误，不会影响放样点的高程。（　　）

四、问答题

简要说明全站仪坐标放样的主要步骤。

五、计算题

已知测站点 DQ_1 的坐标分别为 $X_1 = 500.000$ m，$Y_1 = 500.000$ m，$Z_1 = 50.000$ m；后视点 DQ_2 的坐标分别为 $X_2 = 600.000$ m，$Y_2 = 800.000$ m，$Z_2 = 51.235$ m；仪器高为 1.533 m，棱镜高为 1.600 m；放样点 P_3 的坐标分别为 $X_3 = 700.000$ m，$Y_3 = 750.000$ m，$Z_3 = 51.565$ m；仪器放样后实测 P_3 的 X 坐标为 699.996 m，Y 坐标为 750.005 m，Z 坐标为 51.560 m，试将以上数据填于表中。

全站仪坐标放样测量记录表

测站点	仪高（m）	镜高（m）	后视点	放样点	X（m）	Y（m）	Z（m）
DQ_1							
			DQ_2				
				P_3			
				实测			

模块五　测量误差基本知识

任务一　认识测量误差

一、填空题（请将正确答案填在横线上）

1. 相对误差是________________与________________之比。

2. 在测量工作中，常将观测者、仪器和外界条件称为____________。

3. 衡量测量精度的指标有____________、____________、____________。

4. 测量误差产生的原因有______________、______________、______________。

二、选择题（请在下列选项中选择一个正确答案并填在括号内）

1. 偶然误差具有有界性、单峰性、补偿性和（　　）四个特性。

   A. 不对称性　　B. 对称性　　C. 递增性　　D. 递减性

2. 测量误差是每次测量所得的观测值与该量的理论真值之（　　）。

   A. 和　　B. 差　　C. 积　　D. 商

3. 用（　　）之比来衡量精度高低，在测量中一般将分子化为1，这种误差称为相对误差。

   A. 误差的绝对值与理论真值　　B. 误差值与理论真值

   C. 误差值与观测值　　D. 误差的绝对值与观测值

4. 在相同的观测条件下，对观测量进行一系列的观测，若误差大小及符号（　　），则这类误差称为偶然误差。

   A. 按一定的规律变化　　B. 没有规律变化

   C. 与观测值成正比且同号　　D. 与观测值成反比且异号

5. 按照测量误差对观测结果的影响性质，测量误差可分为（　　）和偶然误差。

   A. 系统误差　　B. 真误差　　C. 相对误差　　D. 绝对误差

6. 下列不属于偶然误差特性的是（　　）。

   A. 绝对值相等的正负误差出现的概率相同

   B. 绝对值小的误差比绝对值大的误差出现的机会多

   C. 在一定的观测条件下，误差的绝对值不会超过一定的界限

   D. 误差的绝对值随着单一观测值的倍数累积

三、判断题（判断正误并在括号内填“√”或“×”）

1. 系统误差通过认真操作、仪器检校可以完全消除。　（　　）

2. 偶然误差是偶然出现的、不确定的，即使大量偶然误差从总体上看，也没有什么规律性。 (　　)

3. 大量偶然误差从总体上看，具有一定的统计特性。根据它的特性合理地处理观测数据，能减弱偶然误差对测量成果的影响。 (　　)

4. 偶然误差的有限性是指在一定的观测条件下，偶然误差的绝对值有一定限值，或者说，超出该限值的误差出现的概率为零。 (　　)

5. 中误差是衡量观测结果精度的一个指标，如果两组观测结果的中误差相等，就说明这两组观测结果精度相同。 (　　)

6. 在工程测量中，一般以 2 倍的中误差作为容许误差。当精度要求不高时，以 3 倍的中误差作为容许误差。 (　　)

四、问答题

1. 研究测量误差的目的是什么？产生观测误差的原因是什么？

2. 测量误差分为哪几类？在测量工作中如何消除或减弱测量误差？

3. 偶然误差和系统误差有什么区别？偶然误差有哪些特性？

4. 衡量精度的标准有哪些？在对同一量的一组等精度观测中，中误差与真误差有何区别？

五、计算题

1. 对某直线丈量了七次，观测结果分别为 168. 135 m、168. 148 m、168. 120 m、168. 129 m、168. 150 m、168. 137 m、168. 131 m，试计算其算术平均值、算术平均值的中误差和算术平均值的相对误差。

2. 设同精度观测某水平角六个测回，观测值分别为 56°32′12″、56°32′24″、56°32′06″、56°32′18″、56°32′36″、56°32′18″，试求观测一测回中误差、算术平均值及其中误差。

任务二　了解误差传播定律

一、填空题（请将正确答案填在横线上）

1. 误差传播定律是计算直接观测值________________的公式。

2. 设观测一个角度的中误差为 ±8″，则三角形内角和的中误差应为__________。

3. 误差传播定律描述了__________和__________之间的关系。

二、选择题（请在下列选项中选择一个正确答案并填在括号内）

1. 已知测角中误差 $m = \pm 20''$，共观测四个测回，该角算术平均值的中误差 $\bar{m}_x$ 为（　　）。

A. 40″　　B. 10″

C. 5″　　D. 80″

2. 用两台不同的仪器观测某角，观测值及其中误差分别为 $\beta_1 = 84°15'36'' \pm 2''$，$\beta_2 = 84°15'26'' \pm 4''$，最后结果为（　　）。

A. 84°15′34″ ±4″　　B. 84°15′31″ ±4″

C. 84°15′34″ ±2″　　D. 84°15′31″ ±3″

3. 在等精度观测条件下，正方形一条边 a 的观测中误差为 m，则正方形周长（$S = 4a$）的中误差为（　　）。

A. m　　B. $2m$

C. $4m$　　D. $8m$

4. 一条直线分为两段丈量，它们的中误差分别为 m 和 n，该直线丈量的中误差为（　　）。

A. 两者平方之和　　B. 两者平方之积

C. 两者平方之和开根号　　D. 两者之和

5. 设对某角观测一测回的观测中误差为 ±3″，现要使该角的观测结果精度达到 ±1.4″，需观测（　　）个测回。

A. 两　　B. 三

C. 四　　D. 五

三、判断题（判断正误并在括号内填“√”或“×”）

1. 已知测角中误差 $m = \pm 20''$，观测四次，该角算术平均值的中误差为 ±5″。（　　）

2. 在水准测量中，设一个测站高差的中误差为 ±5 mm，若 1 km 有九个测站，则 K km 的中误差为 $\pm 15\sqrt{K}$。（　　）

3. 测得圆形半径 $r = 1.465$ m，已知其中误差 $m = \pm 0.002$ m，则其周长的中误差为 ±0.013 m。（　　）

四、问答题

1. 什么是误差传播定律？

2. 写出误差传播定律的公式并说明该公式的用途。

五、计算题

1. 用某经纬仪测量水平角，一测回的中误差 $m = \pm 15''$，欲使测角精度达到 $\pm 5''$，问需要观测几个测回？

2．同精度观测一个三角形的两内角 α、β，其中误差 $m_\alpha = m_\beta = \pm 6''$，求三角形第三角 γ 的中误差 m_γ。

3．在水准测量中，设一个测站的中误差为 5 mm，若 1 km 有 15 个测站，求 1 km 的中误差和 K km 的中误差。

模块六　平面控制测量

任务一　导 线 测 量

一、填空题（请将正确答案填在横线上）

1．国家控制网依照施测精度按______、______、______、______等____个等级建立。

2．控制网分为____________和____________。

3．国家控制网中__________级类受__________级类逐级控制。

4．图根点是______________________________________。

二、选择题（请在下列选项中选择一个正确答案并填在括号内）

1．某支导线的起始方位角 $\alpha_{AB}=0°00'$，其连接角及各转折角的观测值如图 6—1 所示，则由此求得各边坐标方位角 α_{BC}、α_{CD} 和 α_{ED} 为（　　）。

A．0°、90°和 180°

B．180°、90°和 180°

C．0°、90°和 0°

D．180°、270°和 270°

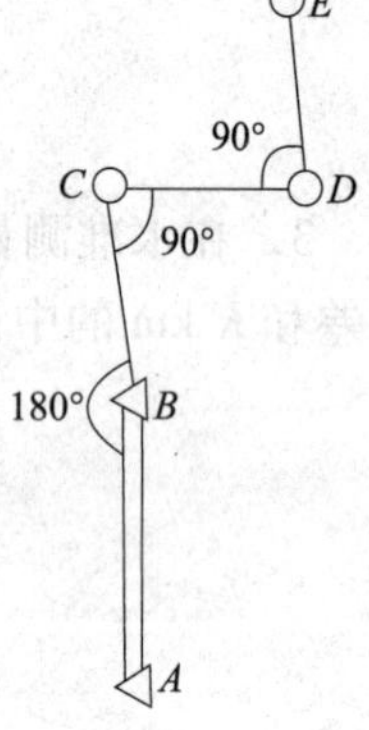

图 6—1

2．附合导线测量如图 6—2 所示，测角结果见下表，方位角的闭合差为（　　）。

A．0″　　　　B．10″

C．20″　　　　D．30″

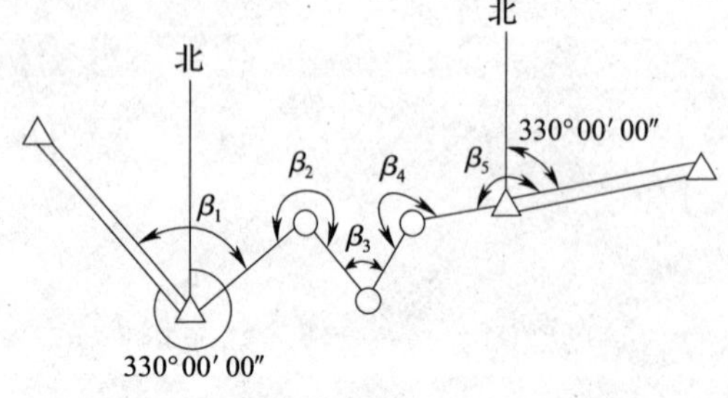

图 6—2

β_1	64°51′10″
β_2	246°08′50″
β_3	58°36′30″
β_4	211°23′10″
β_5	199°00′20″

3．导线测量是（　　）的一种形式。

A．三角测量　　B．控制测量　　C．基平测量　　D．中平测量

三、判断题（判断正误并在括号内填“√”或“×”）

1. 平面控制网的形式有导线控制网和三角控制网。（　）

2. 闭合导线各边坐标增量的代数和在理论上等于零。（　）

3. 一条总长为 740 m 的附合导线，其坐标增量闭合差 $f_x = -0.15$ m，$f_y = +0.14$ m，则这条导线的相对闭合差大于 1/2 000。（　）

四、问答题

1. 写出推算坐标方位角的公式并说明其中符号所代表的含义。

2. 导线测量的外业工作包括哪些内容?

3. 导线测量内业计算的目的和步骤是什么?

五、计算题

1．某闭合导线 $A—B—C—D—A$ 的各边坐标增量值见下表，请继续计算改正后的坐标增量值（各边坐标增量改正数取至厘米并填在小括号内）。

点号	距离（m）	增量计算		改正后的增量计算		坐标值	
		ΔX（m）	ΔY（m）	ΔX（m）	ΔY（m）	X	Y
A						500.000	500.000
	105.22	−60.34（　）	+86.20（　）				
B							
	80.12	+48.47（　）	+63.87（　）				
C							
	129.34	+75.69（　）	−104.88（　）				
D							
	78.16	−63.72（　）	−45.26（　）				
A						500.00	500.00
总和							
计算							

2. 根据图 6—3 所示的观测资料，推算出 1—2、2—3、6—1 边的方位角（水平角是外业资料）。已知 $\alpha_{A1}=110°46'32''$，$\beta_0=160°44'50''$，角度闭合差允许值 $f_{\beta允}=\pm40''\sqrt{n}$。

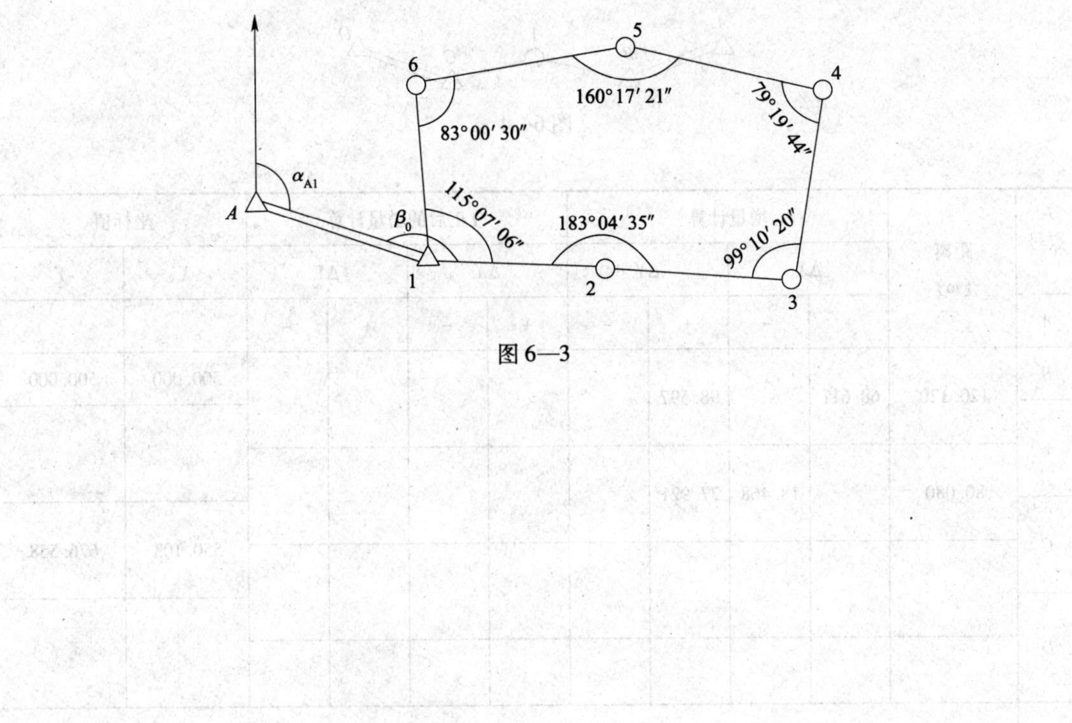

图 6—3

3. 如图 6—4 所示，已知附合导线 $A—B—1—C—D$，坐标及增量列于下表中，试算出 1 点的坐标及导线精度。

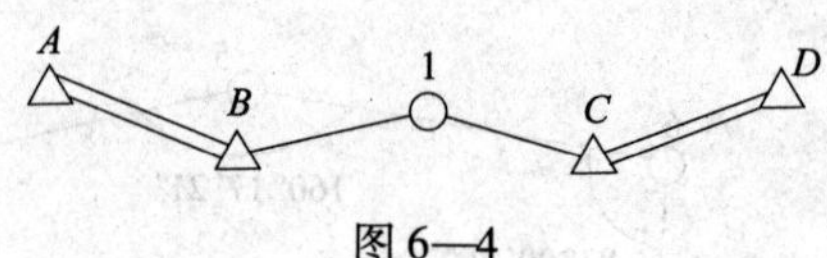

图 6—4

点号	距离（m）	增量计算				改正后的增量计算				坐标值	
		ΔX		ΔY		ΔX		ΔY		X	Y
A		+	−	+	−	+	−	+	−		
B										500.000	500.000
	120.120	68.611		98.597							
1											
	80.080		18.468	77.921							
C										550.103	676.558
D											
计算	$f_x=$ $f_y=$ $f=$ $K=$										

任务二　GPS 测量

一、填空题（请将正确答案填在横线上）

1. GPS 系统由三大部分组成。________部分包括 GPS 工作卫星和备用卫星；________部分控制整个系统和时间，负责轨道监测和预报；__________部分主要是各种型号的接收机。

2. 由坐标北方向顺时针旋转到某直线的角度称为该直线的__________。

3. 目前 GPS 系统已经建成，其工作卫星在空间的分布保障了在地球上任何时刻、任何地点均至少可以同时观测到________颗卫星，加之卫星信号的传播和接收机不受天气的影响，因此 GPS 是一种全球性、全天候的连续实时定位系统。

二、选择题（请在下列选项中选择一个正确答案并填在括号内）

GPS 单点定位，实质上是以卫星为已知点的（　　）定位方法。

A. 测角后方交会　　　B. 测角前方交会

C. 测距后方交会　　　D. 测距前方交会

三、判断题（判断正误并在括号内填“√”或“×”）

1. 全站型电子速测仪简称全站仪，它由光电测距仪、电子经纬仪和数据处理系统组成。（　　）

2. 拓普康 GTS 系列全站仪的功能很多，可以进行作业处理、点坐标数据编辑、放样测量、图形处理等，但就是不能进行公路横断面测量。（　　）

四、问答题

GPS 可用于进行哪些测量工作?

模块七　高程控制测量

任务一　三等、四等水准测量

一、填空题（请将正确答案填在横线上）

1. 四等水准测量应使用不低于________级的水准仪以及________水准尺。每一测站观测时都应检查________读数差和________测量高差之差。

2. 一对双面水准尺的红、黑面的零点差应为________、________。

3. 四等水准测量中，采用双面水准尺时，每站有________个前后视读数。

4. 规范里三等水准测量每千米高差中误差是________mm。

二、选择题（请在下列选项中选择一个正确答案并填在括号内）

1. 三等水准测量中，每一站的前后视距差不能超过（　　）。

A. 3 m　　B. 5 m　　C. 3 mm　　D. 5 mm

2. 三等水准测量中，前后视距差的累积值不能超过（　　）m。

A. 3　　B. 5　　C. 6　　D. 10

3. 一对双面水准尺，其红面底端起始刻划值之差为（　　）m。

A. 1　　B. 0.5　　C. 0.1　　D. 0

4. 四等水准测量中，同一站、同一水准尺的红、黑面中丝读数差不能超过（　　）。

A. 3 m　　B. 2 m　　C. 3 mm　　D. 2 mm

5. 四等水准测量中，黑面高差（红面高差 ±0.1 m）应不超过（　　）mm。

A. 2　　B. 3　　C. 5　　D. 7

6. 三等、四等水准测量中，平均高差的计算公式是（　　）。

A. （黑面高差＋红面高差)/2

B. [黑面高差＋(红面高差 ±0.1 m)]/2

C. [黑面高差＋(红面高差＋0.1 m)]/2

D. [黑面高差＋(红面高差－0.1 m)]/2

三、判断题（判断正误并在括号内填“√”或“×”）

1. 三等水准测量的观测顺序为后—前—前—后。（　　）

2. 三等水准测量采用后—前—前—后的观测顺序可以削弱仪器下沉的影响。（　　）

3. 四等水准测量是国家最低等级的高程控制测量，规范规定：采用仪器不低于 S_3 级，视距长度不大于100 m，前后视距差不大于3 m，红、黑面读数差不大于3 mm。（　　）

四、问答题

1. 为什么三等、四等水准测量对前后视距差和前后视距累积差有限差要求?

2. 试述三等、四等水准测量的观测程序。

3. 普通水准测量与四等水准测量有哪些区别?

五、计算题

完成下表中三等、四等水准测量计算。

三等、四等水准测量记录表

测站编号	点号	后尺	上丝	前尺	上丝	方向及尺号	水准尺读数		K+黑−红（mm）	平均高差（m）
			下丝		下丝					
		后视距		前视距			黑面	红面		
		视距差		累积差 $\sum d$						
		（1）		（4）			（3）	（8）	（14）	
		（2）		（5）			（6）	（7）	（13）	（18）
		（9）		（10）			（15）	（16）	（17）	
		（11）		（12）						
1	BM_1	1. 426	0. 801			后 K_1	1. 211	5. 998		
	|	0. 995	0. 371			前 K_2	0. 586	5. 273		
	TP_1	43. 1	43. 0			后－前				
2	TP_1	1. 812	0. 570			后 K_1	1. 554	6. 241		
	|	1. 296	0. 052			前 K_2	0. 311	5. 097		
	TP_2	51. 6	51. 8			后－前				
3	TP_2	0. 889	1. 713			后 K_1	0. 698	5. 486		
	|	0. 507	1. 333			前 K_2	1. 523	6. 210		
	TP_3	38. 2	38. 0			后－前				
4	TP_3	1. 891	0. 758			后 K_1	1. 708	6. 395		
	|	1. 525	0. 390			前 K_2	0. 574	5. 361		
	BM_1	36. 6	36. 8			后－前				
校核计算	$\sum(9)=$			$\sum(3)=$			$\sum(8)=$			
	$\sum(10)=$			$\sum(6)=$			$\sum(7)=$			
	$\sum(9)-\sum(10)=$			$\sum(15)=$			$\sum(16)=$			
	$\sum(9)+\sum(10)=$			$\sum(15)+\sum(16)=$			$2\sum(18)=$			

任务二　全站仪三角高程测量

一、填空题（请将正确答案填在横线上）

1. 三角高程测量是使用全站仪在两点间进行__________的观测，应用_____________公式计算出_________。三角高程测量在测站应观测______，应量______和______。

2. 提高三角高程测量精度的方法有_________和______________。

二、选择题（请在下列选项中选择一个正确答案并填在括号内）

1. 三角高程测量要求对向观测竖直角，计算往返高差，主要目的是（　　）。

A. 有效抵偿或消除球差和气差的影响

B. 有效抵偿或消除仪器高和觇标高测量误差的影响

C. 有效抵偿或消除竖直角读数误差的影响

D. 有效抵偿或消除度盘分划误差的影响

2. 影响三角高程测量精度的因素主要有（　　）。

A. 球气差和竖直角　　B. 距离长短

C. 对中误差　　D. 视准轴误差

三、判断题（判断正误并在括号内填"√"或"×"）

1. 提高竖直角观测精度是提高三角高程测量精度的一个重要手段。（　　）

2. 三角高程测量中用钢尺量仪器高，共分两次测量，精确到 1 cm，两次的结果之差不大于 1 cm，取其平均值并记录。（　　）

3. 三角高程测量能达到四等水准测量精度。（　　）

四、问答题

1. 三角高程测量需要满足什么条件？有何优缺点？

2. 三角高程测量为什么要使用对向观测？它可以消除什么误差？

五、计算题

1. 完成下表的三角高程测量计算。

三角高程测量计算表

起算点	A	
待测点	B	
往返测	往	返
水平距离 D（m）	581. 381	581. 381
竖直角 α	+11°38′30″	−11°24′00″
Dtanα		
仪器高 i（m）	1. 44	1. 49
觇牌高 v（m）	2. 50	3. 00
两差改正 f（m）		
单向高差 h（m）		
往返平均高差 h（m）		

2. 如图 7—1 所示，有 A、B、C 三点，AB 的水平距离为 183.372 m，AC 的水平距离为 190.862 m。在 B、C 间的 A 点处安置经纬仪，在 B 点、C 点设立观测标志，其目标高均为 2.200 m，并测得竖直角 $\alpha_{AB}=+4°10'15''$，$\alpha_{AC}=-5°05'10''$，求 B、C 间的高差 h_{BC}。

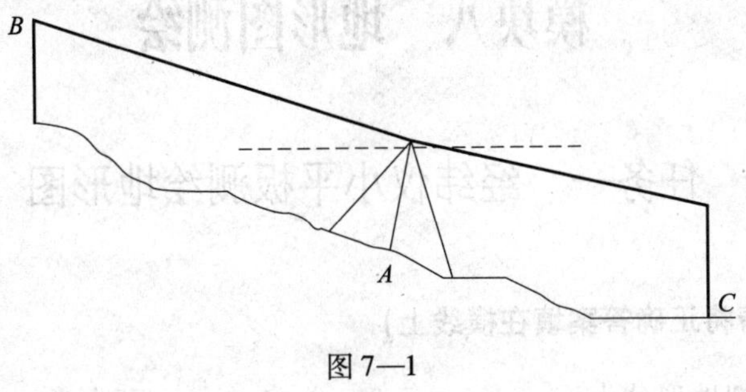

图 7—1

3. 图 7—2 所示为三角高程测量控制网略图，在 A、B、C 三点间进行三角高程测量（按四等水准测量要求），构成闭合线路，已知 A 点的高程为 56.432 m，所有观测数据均注于图上，求 B、C 两点的高程，并说明图中距离均为水平距离 D。

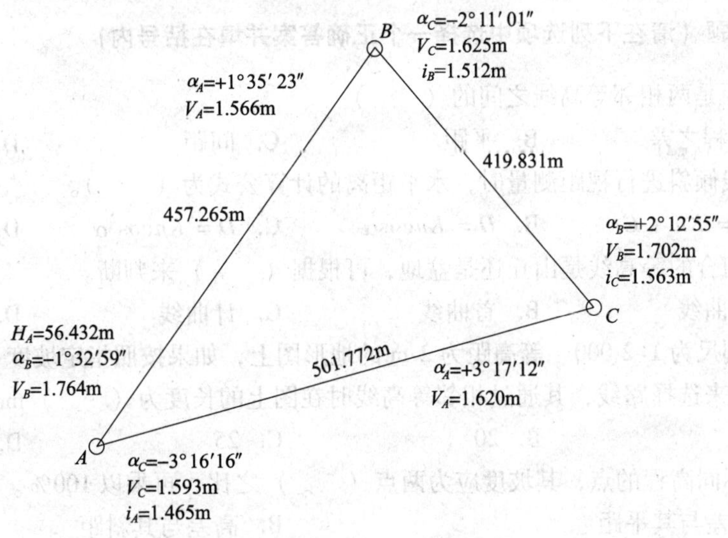

图 7—2

模块八　地形图测绘

任务一　经纬仪小平板测绘地形图

一、填空题（请将正确答案填在横线上）

1. 在测量中常把地形分为＿＿＿＿＿＿和＿＿＿＿＿＿两大类。
2. 根据比例尺表示方法的不同，比例尺一般可分为＿＿＿＿＿和＿＿＿＿＿两种。
3. 地物在地形图中是用地物符号来标示的，地物符号包括＿＿＿＿＿、非比例符号、＿＿＿＿＿和地物注记四类。
4. 测量工作中常用＿＿＿＿＿来表示地貌。
5. 等高线可分为＿＿＿＿＿＿、＿＿＿＿＿＿、＿＿＿＿＿＿、＿＿＿＿＿＿。
6. 测绘地形图实质上就是测量碎部点（地形特征点）的＿＿＿＿＿＿和＿＿＿＿＿＿。
7. 地形碎部点位的测定方法有＿＿＿＿＿＿、＿＿＿＿＿＿、＿＿＿＿＿＿、＿＿＿＿＿＿。
8. 在绘图板上展绘控制点时，首先要根据其坐标确定控制点所在的＿＿＿＿＿＿。

二、选择题（请在下列选项中选择一个正确答案并填在括号内）

1. 等高距是两相邻等高线之间的（　　）。

A. 高程之差　　B. 平距　　C. 间距　　D. 斜距

2. 当视线倾斜进行视距测量时，水平距离的计算公式为（　　）。

A. $D = Kn + C$　　B. $D = Kn\cos\alpha$　　C. $D = Kn\cos^2\alpha$　　D. $D = Kn\sin\alpha$

3. 一组闭合的等高线是山丘还是盆地，可根据（　　）来判断。

A. 助曲线　　B. 首曲线　　C. 计曲线　　D. 高程注记

4. 在比例尺为1∶2 000、等高距为2 m的地形图上，如果按照指定坡度（$i=5\%$）从坡脚A到坡顶B来选择路线，其通过相邻等高线时在图上的长度为（　　）mm。

A. 10　　B. 20　　C. 25　　D. 30

5. 两个不同高程的点，其坡度应为两点（　　）之比，再乘以100%。

A. 高差与其平距　　B. 高差与其斜距

C. 平距与其斜距　　D. 斜距与其高差

三、判断题（判断正误并在括号内填“√”或“×”）

1. 在一张图样上等高距不变时，等高线平距与地面坡度的关系是平距大则坡度大。（　　）
2. 地形测量中，测图比例尺越小，比例尺精度越低。（　　）

3. 在地形图上用地物符号和地貌符号来表示实物。 ( )

4. 测图前的准备工作主要有图样准备、方格网绘制、控制点展绘。 ( )

5. 若地形点在图上的最大距离不能超过 3 cm，对于比例尺为 1∶500 的地形图，相应地形点在实地的最大距离应为 35 m。 ( )

四、问答题

1. 经纬仪测图时，如何用内插法勾绘等高线？

2. 地形图测完后，需对成图质量进行一次全面检查，检查内容有哪些？

五、计算题

已知测站点高程 $H=81.34$ m，仪器高 $i=1.42$ m，各点视距测量记录见下表，试求各地形点的平距及高程（竖直角计算公式为 $\alpha_{左}=90°-L$）。

碎部点记录表

点号	视距读数（m）	中丝读数（m）	盘左竖盘读数（° ′）	竖直角（° ′）	平距（m）	高差（m）	高程（m）
1	53.6	2.71	87 51				
2	79.3	1.42	99 46				

任务二　全站仪数字化测图（CASS 软件）

一、填空题（请将正确答案填在横线上）

1．南方 CASS 地形地籍成图软件是基于________平台技术的 GIS 前端数据处理系统。

2．CASS 软件主界面主要包括菜单栏、CAD 工具栏、________、屏幕菜单、________、________等。

3．数字化测图根据所使用设备的不同，可采用两种方式实现，即________和________。

二、选择题（请在下列选项中选择一个正确答案并填在括号内）

1．CASS 7.1 软件运行平台是（　　）。

A．Excel　　　B．PowerPoint　　　C．AutoCAD

2．CASS 软件菜单“等高线”里，由坐标数据文件建立（　　）模型。

A．ETM　　　B．DTM　　　C．TMD　　　D．MDT

三、判断题（判断正误并在括号内填“√”或“×”）

1．CASS 软件坐标数据文件格式为（点号，编码，X，Y，Z）。（　　）

2．外业草图绘制地物的点号应与全站仪记录的点号一致。（　　）

3．用全站仪数据传输软件下载外业采集数据时，需选择坐标文件。（　　）

4．在 CASS 软件绘图区得到野外测点点位后，用 CASS 屏幕菜单绘制地物。（　　）

5．CASS 软件绘制等高线，需先由数据文件或图面高程点建立数据高程模型。（　　）

四、问答题

1．简述全站仪草图法数字化测图的流程。

2．简述用 CASS 软件绘图的基本步骤。

模块九　道路工程测量

任务一　圆曲线测设

一、填空题（请将正确答案填在横线上）

1. 圆曲线测设分为两步进行，先测设曲线主点，即曲线的____、____和____，再在主点间进行加密，按规定桩距测设曲线各副点。

2. 圆曲线的测设方法主要有______、____________、______________。

3. 圆曲线的________、________、________、________、________、________是测设圆曲线的主要元素。

4. 按桩距在曲线上设桩，通常有________和________两种方法。

二、选择题（请在下列选项中选择一个正确答案并填在括号内）

1. 采用偏角法详细测设圆曲线时，其偏角 φ_i 应等于相应弧长所对圆心角的（　　）。

A. 2 倍　　B. 1/2　　C. 2/3　　D. 1 倍

2. 用经纬仪观测某交点的右角，若后视读数为200°00′00″，前视读数为0°00′00″，则外距方向的读数为（　　）。

A. 100°　　B. 80°　　C. 280°　　D. 180°

3. 公路中线里程桩测设时，短链是指（　　）。

A. 实际里程大于原桩号　　B. 实际里程小于原桩号

C. 实际里程等于原桩号　　D. 以上答案都不对

4. 圆曲线测设中，已知转折点的桩号为 4 + 150. 940，算得切线长 35. 265 m，曲线长 69. 813 m，外矢距为 3. 085 m，则中点桩号为（　　）。

A. 4 + 154. 025　　B. 4 + 186. 205

C. 4 + 150. 581　　D. 4 + 220. 753

三、判断题（判断正误并在括号内填“√”或“×”）

1. 切线支距法是从曲线起（终）点分别向曲线中点测设，测设完毕后，用丈量所定各点间弦长来校核其位置是否正确。（　　）

2. 右角的观测通常用 DJ_6 型光学经纬仪以测回法观测一测回，两半测回角度之差的不符值一般不超过 ±80″。（　　）

3. 里程桩分为整桩和加桩两种，每个桩的桩号表示该桩距路线起点的里程。（　　）

4. 当圆曲线较长或地形起伏较大时，为了准确地把圆曲线标定在实地，三主点测设完

成后，还必须采用切线支距法在曲线主点间加桩，也称为圆曲线的详细测设。（　）

5．切线支距法多用于平坦开阔地区，使用工具简单，测点的点位误差累积。（　）

四、问答题

1．偏角法测设圆曲线的原理是什么？简述其操作步骤。

2．何谓道路中线的转点、交点？

3．什么是路线的右角？什么是路线的转角？简述两者间的关系。

五、计算题

1. 图 9—1 所示为两条直线用圆曲线连接的设计路线图，AB 的距离及方位角为 700 m、80°，CD 的距离及方位角为 1 000 m、110°，又知曲线 BC 的半径为 500 m，则 A 点至 D 点的路线长为多少米？

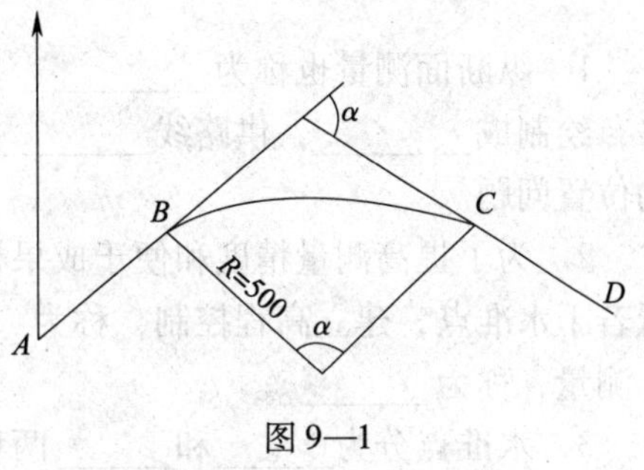

图 9—1

2. 已知 JD 的桩号为 3 + 573. 36，偏角 $\alpha = 40°36'$（右偏），设计圆曲线半径 $R = 300$ m，求各测设元素。

3. 如图 9—2 所示，已知相邻两交点 JD_{16}、JD_{17} 互不通视，需要在它们之间测设一个转点。$a = 51.178$ m，$b = 40.235$ m，$f = 2.114$ m，请根据相关公式计算出 ZD 应横向移动的距离 e。

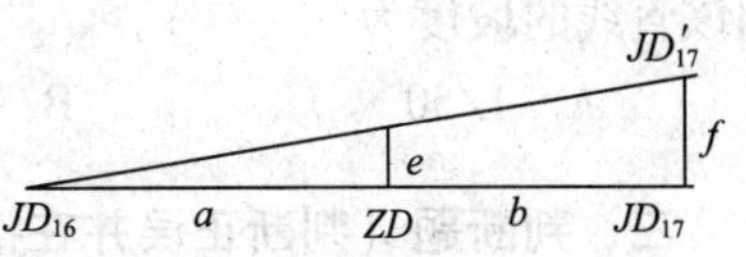

图 9—2

任务二　公路纵断面测量

一、填空题（请将正确答案填在横线上）

1. 纵断面测量也称为__________，它是把路线上各里程桩（即中桩）的地面高程测出来，绘制成________，供路线________、__________________之用，以解决路线在________的位置问题。

2. 为了提高测量精度和便于成果检查，路线测量可分为两步进行：首先沿路线方向设置若干水准点，建立高程控制，称为________；其次根据各水准点的高程，分段进行中桩水准测量，称为________。

3. 水准点分为______和______两种。

4. 纵断面图表示了____上地面的高低起伏情况，可在其上进行________，它是路线设计和施工中的重要资料。

二、选择题（请在下列选项中选择一个正确答案并填在括号内）

1. 中平测量中，视线高程应等于（　　）+后视读数。

A. 后视点高程　　B. 转点高程　　C. 前视点高程　　D. 水准点高程

2. 基平测量中，高差闭合差的容许值为（　　）。

A. $\pm 20\sqrt{L}$　　B. $\pm 30\sqrt{L}$　　C. $\pm 40\sqrt{L}$　　D. $\pm 50\sqrt{L}$

3. 为提高观测精度，中平测量每个测站的观测顺序应为（　　）。

A. 先中桩后转点　　B. 先转点后中桩

C. 沿前进方向，按先后顺序观测　　D. 任意顺序观测

4. 路线纵断面测量分为（　　）和中平测量。

A. 坐标测量　　B. 水准测量　　C. 高程测量　　D. 基平测量

5. 路线中平测量是测定（　　）的高程。

A. 水准点　　B. 转点　　C. 中桩　　D. 导线点

6. 在1∶5 000地形图上求得某1.5 cm长的直线两端点的高程为418.3 m和416.8 m，则该直线的坡度为（　　）。

A. 1/50　　B. 0.02　　C. 2‰　　D. 2%

三、判断题（判断正误并在括号内填“√”或“×”）

1. 基平测量一般按四等水准测量的精度要求；中平测量只做单程观测，可按普通水准精度要求。（　　）

2. 中平测量是按附合水准路线施测中桩的地面高程。（　　）

3. 在进行中平测量时，将水准仪置于测站上，首先读取两转点间所有中桩地面点的尺上读数，再读取后、前两转点（TP）的尺上读数，这些中桩点称为中间点，中间点的立尺由后视点立尺人员来完成。（　　）

四、问答题

1. 道路纵断面测量的任务是什么？

2. 中平测量遇到跨沟谷时，应采取哪些措施进行施测？采取这些措施的目的是什么？

五、计算题

1. 根据下面道路纵断面水准测量示意图（见图 9—3），按图上的观测数据计算出地面各点的高程（0 +000 的高程为 33. 250 m）。

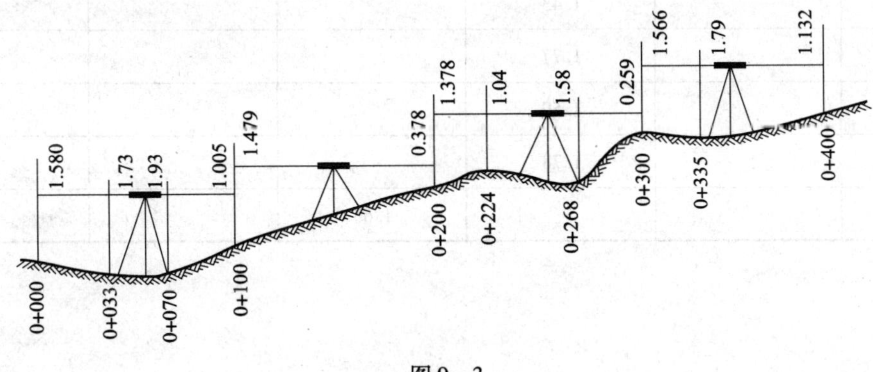

图 9—3

2. 按照图 9—4 所示的中平测量方法，计算出中平测量记录表中的中桩点的高程。

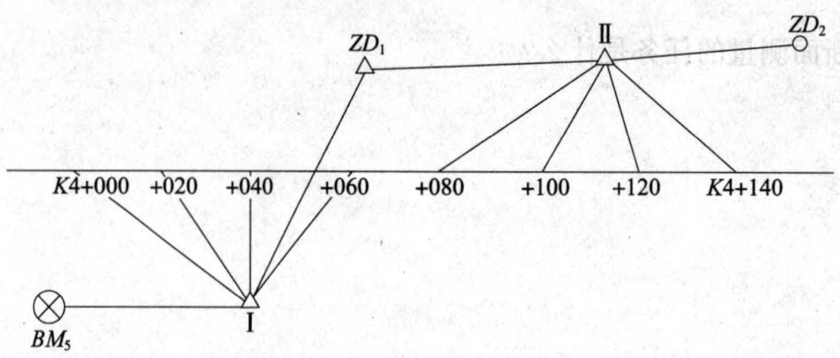

图 9—4

立尺点	后视（m）	中视（m）	前视（m）	视线高（m）	高程（m）
BM_5	2. 047				101. 293
K4 +000		1. 82			
+020		1. 67			
+040		1. 91			
+060		1. 56			
ZD_1	1. 734		1. 012		
+080		1. 43			
+100		1. 77			
+120		1. 59			
K4 +140		1. 78			
ZD_2			1. 65		

任务三　公路横断面测量

一、填空题（请将正确答案填在横线上）

1. 横断面测量就是测定中线两侧垂直于中线方向地面变坡点间的______和______，并绘成横断面图，供路基、边坡、特殊构造物的设计、__________和_____之用。

2. 圆曲线段横断面方向为过桩点指向圆心的________。

3. 横断面测量的方法主要有____________、____________和____________三种。

4. 测设路基边桩就是把路基__________与______________确定下来，边桩的位置由两侧边桩至中桩的平距来确定。

5. 常用的边桩测设方法有____________和____________两种。

二、选择题（请在下列选项中选择一个正确答案并填在括号内）

1. 路线横断面图的绘制顺序是从图样的（　　）依次按桩号进行。

A. 左上方自上而下、由左向右　　B. 左下方自下而上、由左向右

C. 左上方由左向右、自上而下　　D. 左下方由左向右、自上而下

2. 图 9—5 所示为某地形图的一部分，各等高线高程如图所示，A 点位于线段 MN 上，点 A 到点 M 和点 N 的图上水平距离为 $MA=3$ mm，$NA=2$ mm，则 A 点高程为（　　）m。

A. 36.4

B. 36.6

C. 37.4

D. 37.6

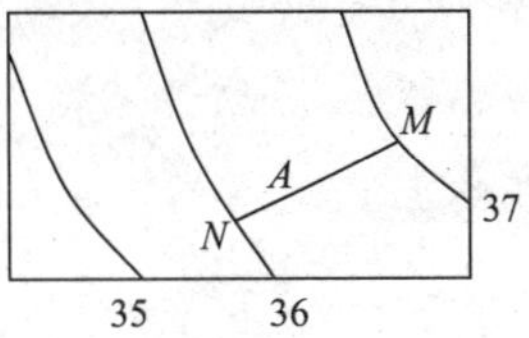

图 9—5

3. 在比例尺为 1∶2 000、等高距为 2 m 的地形图上，如果按照指定坡度（$i=5\%$）从坡脚 A 到坡顶 B 来选择路线，其通过相邻等高线时在图上的长度为（　　）mm。

A. 10　　B. 20　　C. 25　　D. 30

4. 横断面测量的基本内容可概括为（　　）。

A. 定方向、全站测量、绘制断面图

B. 全站测量、绘制断面图

C. 定方向、测平距和高差、绘制横断面图

D. 定方向、绘制断面图

三、判断题（判断正误并在括号内填“√”或“×”）

1. 横断面测量的宽度应根据中桩填挖高度、边坡大小以及有关工程的特殊要求而定，一般自中线两侧各测 5 ~ 10 m。（　　）

2. 直线段横断面方向一般采用水平尺测定。（　　）

3. 圆曲线段横断面方向为过桩点指向圆心的半径方向。（　　）

4. 当横断面精度要求较高，横断面方向高差变化不大时，多采用水准仪皮尺法。

( )

5. 经纬仪法施测时，将经纬仪安置在边桩上，用视距法测出横断面方向上各变坡点至中桩的水平距离与高差。 ( )

四、问答题

1. 道路横断面测量的任务是什么？

2. 横断面测量的施测方法有哪几种？分述之。

3. 横断面测量的记录有何特点？横断面的绘制方法是怎样的？

五、计算题

参照下表，用标杆皮尺法进行横断面测量，并根据记录绘制横断面图。

左侧	桩号	右侧
$\frac{+2.4}{1.0}$ $\frac{0.0}{1.4}$ $\frac{-1.4}{0.8}$ $\frac{0.0}{8.0}$	+080	$\frac{+1.2}{1.0}$ $\frac{0.9}{1.0}$ $\frac{1.0}{0.0}$ $\frac{0.0}{13}$
$\frac{0.0}{7.0}$ $\frac{+2.8}{1.8}$ $\frac{0.0}{1.0}$ $\frac{-1.2}{5.2}$	+068.259	$\frac{+1.0}{1.0}$ $\frac{1.5}{6.0}$ $\frac{+1.4}{4.0}$ $\frac{1.0}{3.0}$
$\frac{0.0}{9.0}$ $\frac{+1.0}{1.0}$ $\frac{2.0}{1.0}$ $\frac{-2.0}{3.0}$	+060	$\frac{0}{1.0}$ $\frac{+2.0}{4.0}$ $\frac{+1.0}{4.0}$ $\frac{+2.0}{6.0}$
$\frac{-1.4}{2.8}$ $\frac{-2.1}{3.4}$ $\frac{-1.6}{6.9}$ $\frac{-1.0}{1.6}$	+040	$\frac{+1.0}{4.0}$ $\frac{+1.2}{6.0}$ $\frac{+1.4}{5.0}$ $\frac{+1.8}{7.0}$
$\frac{-1.2}{5.2}$ $\frac{-0.9}{4.8}$ $\frac{-0.7}{3.8}$ $\frac{-0.4}{2.0}$	+020	$\frac{0.0}{5.8}$ $\frac{+1.0}{1.3}$ $\frac{+1.4}{4.0}$ $\frac{+1.6}{3.9}$
$\frac{-0.4}{5.0}$ $\frac{-0.8}{4.0}$ $\frac{-0.6}{3.0}$ $\frac{-0.2}{3.0}$	*K*0+000	$\frac{+1.7}{5.0}$ $\frac{+2.0}{4.0}$ $\frac{0.0}{1.0}$ $\frac{+1.8}{4.6}$

任务四　竖曲线测设

一、填空题（请将正确答案填在横线上）

1. 竖曲线测设时，在线路的纵坡变更处，为了满足__________和__________，在竖直面内用圆曲线将两段纵坡连接起来，这种曲线称为竖曲线。

2. 竖曲线包括______竖曲线和______竖曲线。

3. 道路纵断面线形常采用________和________两种线形，两者是纵断面线形的基本要素。

4. 在道路纵断面上两个相邻纵坡线的交点称为______。

5. 竖曲线技术指标主要有__________和__________。

二、判断题（判断正误并在括号内填“√”或“×”）

1．因为凸形竖曲线的视距条件较好，所以行车安全不考虑其半径的需要。（　　）

2．凹形竖曲线的视距一般能得到保证，但由于在离心力作用下汽车会产生增重，因此应选择适当的半径来控制离心力不要过大，以保证行车的平顺和舒适。（　　）

三、问答题

1．路线上为什么要设竖曲线？

2．怎样推算竖曲线的主点里程？竖曲线主点位置是如何测定的？

四、计算题

设竖曲线半径 $R=3\ 000$ m，相邻坡段的坡度 $i_1=+3.1\%$，$i_2=+1.1\%$，变坡点的桩号为 $K16+770$，高程为 96.67 m。若曲线上每隔 10 m 设置一桩，试计算竖曲线上各桩点的高程。

模块十　桥梁施工测量

任务一　建立桥梁施工控制网

一、填空题（请将正确答案填在横线上）

1. 已知 E、F 两点间的纵坐标增量 $\Delta XEF = -50.00$ m，横坐标增量 $\Delta YEF = 100.00$ m，则其坐标方位角为__________。

2. 直线定向常用的标准方向有真子午线方向、____________和坐标纵线方向。

3. 根据一个已知点的坐标、边的坐标方位角和两点之间的水平距离计算另一个待定点坐标的计算称为____________。

二、选择题（请在下列选项中选择一个正确答案并填在括号内）

1. 已知 α_{12} 为起始边方位角，如图 10—1 所示，2 点的转折角 β_2 为右角，则推算出 2—3 边的坐标方位角（　　）。

A. $\alpha_{23} = \alpha_{12} + \beta_2 + 180°$

B. $\alpha_{23} = \alpha_{12} + \beta_2 - 180°$

C. $\alpha_{23} = \alpha_{12} - \beta_2 + 180°$

D. $\alpha_{23} = \alpha_{12} - \beta_2 - 180°$

图 10—1

2. 为了计算和使用方便，桥梁施工控制网一般采用（　　）。

A. 大地坐标系　　B. 高斯平面直角坐标系

C. 独立测量坐标系　　D. 切线坐标系

3. 桥梁高程测量网的水准测量精度与桥长有关，对桥长在 300 m 以下的桥梁，两岸水准连测的测量精度应达到（　　）。

A. 一等　　B. 二等　　C. 三等　　D. 四等

4. 桥轴线超过 1 000 m 的特大桥或结构复杂的桥梁在施工过程中，其桥梁控制网应每（　　）复测一次，以确保施工安全和质量。

A. 半年　　B. 一年　　C. 一年半　　D. 两年

5. 建立桥梁高程控制网的常用方法是水准测量和（　　）。

A. 红外线测量　　B. 测距三角高程测量

C. 超声波测量　　D. 航空测量

6. 桥梁平面控制网按常规方法布设，基本网除了三角网以外，还有（　　）网。

A. 四边形　　B. 五边形　　C. 六边形　　D. 多边形

7. 控制网一般布设成三角网或边角网，影响其控制网边长大小的是（　　）。

A. 桥长　　B. 控制点距离　　C. 通视距离　　D. 河宽

8. 大、中型桥的水中墩台和基础的位置，宜用（　　）测量。

A. 测距仪　　B. 水准仪　　C. 经纬仪　　D. 全站仪

9. 桥梁施工控制时，应用现代控制理论中的纠偏终点控制法，对桥梁结构的主要基本设计参数进行识别，发现实测值与预计值的偏差，进行参数修正，达到（　　）目的。

A. 控制　　B. 单控　　C. 双控　　D. 设计

三、判断题（判断正误并在括号内填"√"或"×"）

1. 闭合导线各边坐标增量的代数和在理论上等于零。（　　）

2. 一条总长为740 m的附合导线，其坐标增量闭合差$f_x = -0.15$ m，$f_y = +0.14$ m，则这条导线的相对闭合差大于1/2 000。（　　）

3. 导线角度闭合差的分配中，对短边应少分配，对长边应多分配。（　　）

四、问答题

1. 桥梁工程测量包括哪些主要内容？

2. 桥梁平面控制网的布置有哪些形式？

五、计算题

如图 10—2 所示，已知某直线桥的施工平面控制网各控制点 A、B、C、E 及水中 P_2 号墩中心点的设计坐标见下表，各控制点间互相通视，试用角度交会法测设出点的数据并简述其测设方法（角度计算准确到“秒”）。

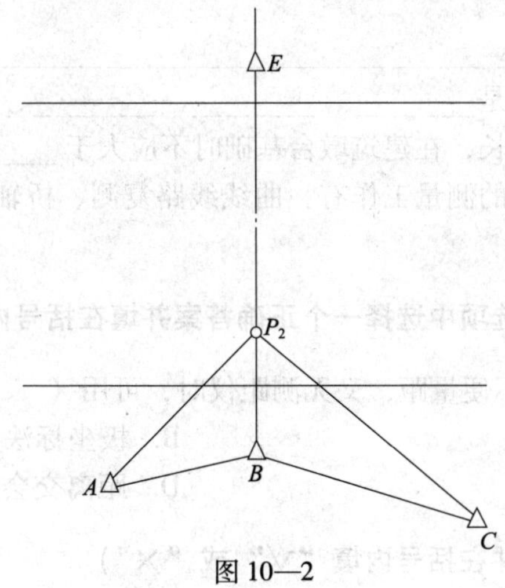

图 10—2

<table>
<tr><th>点号</th><th>X（m）</th><th>Y（m）</th><th>坐标方位角</th></tr>
<tr><td rowspan="2">A</td><td rowspan="2">−23.125</td><td rowspan="2">−305.440</td><td></td></tr>
<tr><td rowspan="2">85°40′13″</td></tr>
<tr><td rowspan="2">B</td><td rowspan="2">0</td><td rowspan="2">0</td></tr>
<tr><td rowspan="2">91°27′42″</td></tr>
<tr><td rowspan="2">C</td><td rowspan="2">−9.033</td><td rowspan="2">354.024</td></tr>
<tr><td rowspan="3"></td></tr>
<tr><td>E</td><td>400.750</td><td>0</td></tr>
<tr><td>P_2</td><td>248.516</td><td>0</td></tr>
</table>

任务二　桥梁墩台中心与轴线放样

一、填空题（请将正确答案填在横线上）

1．桥轴线是指____。

2．桥梁测量的主要任务是________、________、________、________、________等。

3．示误三角形的最大边长，在建筑墩台基础时不应大于________。

4．曲线桥墩台中心定位的测量工作有：曲线线路复测、桥轴线控制桩的测设、控制测量、________________。

二、选择题（请在下列选项中选择一个正确答案并填在括号内）

当待测设点与控制点间不便量距，又无测距仪时，可用（　　）法测设点的平面位置。

A．直角坐标法　　　　B．极坐标法

C．角度交会法　　　　D．距离交会法

三、判断题（判断正误并在括号内填“√”或“×”）

1．在桥梁墩台施工过程中，最主要的工作是测设出墩台的中心位置，它是墩台施工细部放样的依据。（　　）

2．桥梁平面控制测量的目的是测定桥轴线长度并进行墩台位置的放样。（　　）

3．直线桥的墩台中心可采用直接测距法或交会法测设出墩台中心的位置。（　　）

4．所谓墩台护桩，是指在墩台的纵、横轴线上，于两侧各钉设至少两个木桩，因为有两个桩点才可恢复轴线的方向。（　　）

5．桥梁墩台基础是桩基础时，只需放样桩位中心就可以了。（　　）

四、问答题

1．过河水准测量与一般水准测量有哪些不同？

2. 桥墩定位有哪几种方法？

五、计算题

1. 已知 *A*、*B* 两控制点的坐标，*AB* 边的坐标方位角及待测点 *P* 的坐标，其数据列入下表，计算出用角度交会法测设 *P* 点的放样数据并绘出放样略图。

点名	坐标值		坐标方位角
	X（m）	*Y*（m）	
A	2 109. 69	810. 19	$\alpha_{AB}=230°41'12''$
B	1 868. 58	515. 75	
P	1 787. 47	636. 97	

2. 放样桥梁墩台中心位置时，通常采用角度交会法。如图 10—3 所示，在控制点 A、C、D 处安置仪器交会墩中心于点 E，已知控制点及墩中心的坐标见下表，计算放样时在 C、D 点的测设角度 α 和 β。

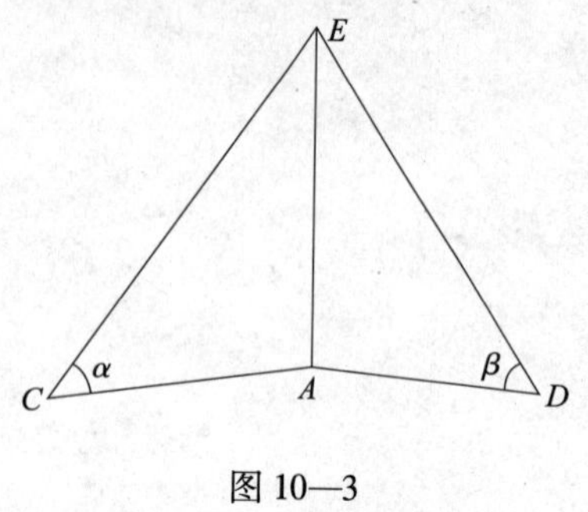

图 10—3

点名	X（m）	Y（m）
A	1 000.000	0.000
C	950.000	-400.000
D	970.000	350.000
E	1 500.000	0.000

3. 在坑道内要求把高程从 A 传递到 B，已知 $H_A = 123.456$ m，要求 $H_B = 125.000$ m，观测结果如图 10—4 所示，在 B 尺上的前视读数应该是多少？

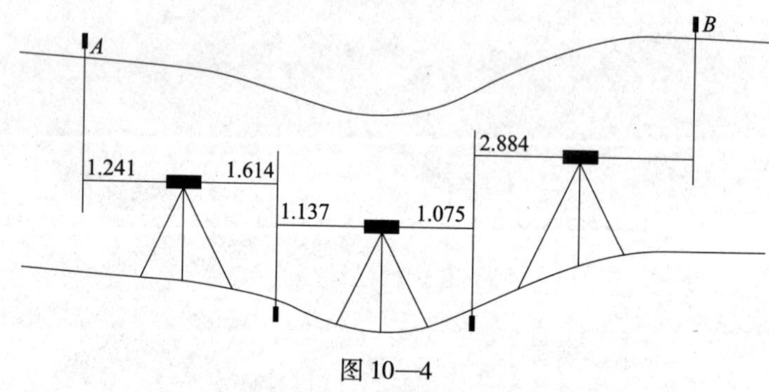

图 10—4

模块十一　地下工程测量

任务一　隧道洞外、洞内控制测量

一、填空题（请将正确答案填在横线上）

1. 隧道施工测量首先要建立__________和__________，每一开挖洞口附近都应设立____________及____________，这样可将各开挖面联系起来，作为开挖放样的依据。

2. 随着坑道的向前掘进，必须将洞口控制桩______、______及______的高程传递到洞内，再用________方法建立洞内的平面控制，用________方法建立高程控制。

3. 隧道贯通后，必然产生平面及高程的__________，此时需进行________，设有竖井的隧道还需专门进行________。

4. 在隧道所有施工项目完成后，要做________，并在施工过程中和竣工后对隧道及有关建筑物进行______和______的观测。

二、选择题（请在下列选项中选择一个正确答案并填在括号内）

1.（　　）不是通常洞外平面控制测量的方法。

A. 中线法　　B. 导线法

C. 三角测量法　　D. 偏距法

2. 按方向的间接平差估算公式适用于（　　）横向贯通误差的影响值的估算。

A. 三角网　　B. 边角网

C. GPS 网　　D. 任意平面控制网

3. 若地下导线分三级布设：施工导线（边长 25 ~ 50 m）、基本导线（边长 50 ~ 100 m）、主要导线（边长 150 ~ 800 m），那么，地下导线测量误差对横向贯通误差的影响值应为（　　）估算。

A. 施工导线　　B. 基本导线

C. 主要导线　　D. 三种导线一起

三、判断题（判断正误并在括号内填“√”或“×”）

1. 对于隧道较长、地形复杂的山岭地区或城市的地下隧道，地面平面控制网一般布设成平行四边形锁形式。（　　）

2. 用于直线隧道时，三角点应尽量靠近中线，最好使三角锁的一边位于中线上，以减小横向贯通误差的影响。（　　）

3. 布设三角点时，图形要简单，尽量选择短边，减少三角形个数。（　　）

4．每个洞口最好有三个控制点作为引测进洞的依据，引测要方便，以利于提高测量精度。 （ ）

四、问答题

1．贯通误差的调整是如何进行的？调整时需注意哪些事项？

2．隧道地面控制测量的方法有哪些？各有哪些优缺点？

任务二 隧道施工测量

一、填空题（请将正确答案填在横线上）

1．隧道施工测量的主要任务为：在隧道施工过程中确定______及______内的掘进方向，另外还要定期检查________及计算完成的________。

2．在隧道掘进过程中首先要给出掘进方向，即隧道的______；同时要给出掘进坡度，称为________，这样才能保证隧道按设计要求掘进。

3．隧道开挖深入洞内以后，先建立指导开挖的________。在开挖到一定深度后，即可建立洞内________，根据导线点再测设________。

4．当采用全断面开挖时，______和______都是继临时中线点后即时建立的。临时中线点一般需用________施测。在有条件的情况下，可配合使用________指导开挖方向。

二、选择题（请在下列选项中选择一个正确答案并填在括号内）

1．隧道施工控制测量的精度应以中误差衡量，最大误差（极限误差）规定为中误差的（ ）倍。

A. 1　　B. 1.5　　C. 2　　D. 3

2. 公路隧道洞外三角测量，当两开挖洞口间的距离为4～6 km时，基线中误差为(　　)。

A. 1/20 000　　B. 1/25 000　　C. 1/30 000　　D. 1/45 000

3. 公路隧道洞外三角测量，当两开挖洞口间的距离为2～3 km时，测角中误差为(　　)。

A. 2.0″　　B. 2.5″　　C. 4.0″　　D. 10.0″

三、判断题（判断正误并在括号内填“√”或“×”）

1. 测设中线点一般用直角坐标法和极坐标法。(　　)

2. 设置在隧道内的主要导线点，一定要在理论贯通中线上。(　　)

3. 在直线隧道中，由于导线点是沿中线布设，而且在计算坐标时将纵向轴线（X轴）与理论贯通中线强制重合，因而凡位于中线上各点的横坐标均为1。(　　)

4. 激光具有很好的方向性、单色性和很高的亮度，因此是较理想的准直光学仪器的光源。(　　)

5. 隧道竣工后，为了检查主要结构物和建筑物以及路线位置是否符合设计要求，并提供竣工文件所需资料，也为将来运营中的维修工程等提供测量控制点，必须进行竣工测量。(　　)

四、问答题

1. 洞内导线测量的目的是什么？

2. 洞内水准测量的目的是什么？

任务三　地下管线施工放样

一、填空题（请将正确答案填在横线上）

1．管道工程测量是为各种管道的设计和施工服务的。它的任务有两个方面：一是为管道工程的设计提供________和________，二是按设计要求将管道位置__________。

2．管道的______、______和______统称为管道的主点，主点的位置和管道方向是设计时确定的。

3．管道________就是将已确定的管道位置测设于实地，并用木桩标定。其主要内容包括______________、______________和______________等。

4．管道纵断面图测绘首先进行线路______，测出管线中桩的________，然后绘制______，作为设计管道______、______和计算______的主要依据。

二、判断题（判断正误并在括号内填"√"或"×"）

1．中线定线测量是将图上设计好的中线位置测设于实地。（　）

2．不同管道的起点是不同的，排水管道一般以上游出水口作为起点。（　）

3．给水管道以水源处作为起点。（　）

4．煤气、热力管道以煤气站、锅炉房作为起点。（　）

5．电力电信管道以电源处作为起点。（　）

三、问答题

1．试述管道中线测量有哪些重要项目。

2．管道纵横断面图测绘需注意哪些事项？

四、计算题

根据下面道路纵断面水准测量示意图（见图 11—1），记录手簿所填写的观测数据，计算出地面各点的高程（0 + 000 的高程为 33. 250 m）。然后根据计算结果绘制一张纵断面图（水平比例尺为 1∶1 000，高程比例尺为 1∶50），并绘出起点设计高程为 20. 50 m、地表下坡度为 + 1% 的管线。

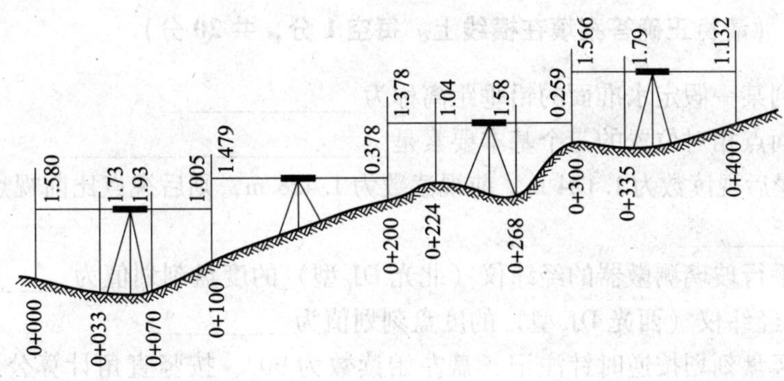

图 11—1

综合试卷一

一、填空题（请将正确答案填在横线上。每空 1 分，共 20 分）

1. 地面点到某一假定水准面的铅垂距离称为____________。

2. 确定地面点相对位置的三个基本要素是____________________。

3. 水准测量后视读数为 1.124 m，前视读数为 1.428 m，则后视点比前视点__________，两点高差为__________。

4. 采用单平行玻璃测微器的经纬仪（北光 DJ_6 型）的度盘刻划值为_______°，采用分微尺装置的光学经纬仪（西光 DJ_6 型）的度盘刻划值为_______°。

5. 某仪器竖盘刻划按逆时针注记，盘左始读数为 90°，按竖直角计算公式计算，盘左为________，盘右为________。

6. 用钢尺精密丈量距离时，每一尺段长需进行________、________及高差改正。

7. 非等精度观测时，衡量观测值可靠程度的____________数值，称为观测值的____________。

8. 直接为测图布设的控制网称为__________控制网。

9. 比例尺越小，对地形变化的表示越__________，精度越__________。

10. 误差传播定律是计算直接观测值____________的公式。

11. 在地形图上利用坐标格网的坐标值和等高线注记可以确定出点的____________和____________。

12. 圆曲线测设时，已知路线转折角 $\alpha = 18°20'$，曲线中点偏角为__________，终点偏角为__________。

二、选择题（请在下列选项中选择一个正确答案并填在括号内。每题 2 分，共 20 分）

1. 用微倾水准仪观测，每次读数前必须转动（　　），使长水准管气泡居中。

A. 微动螺旋　　B. 水平制动螺旋　　C. 脚螺旋　　D. 微倾螺旋

2. 用经纬仪观测水平角，已知左方目标读数为 340°20′40″，右方目标读数为 15°30′10″，其角值为（　　）。

A. 324°50′30″　　B. 35°09′30″　　C. 144°50′30″　　D. 234°50′30″

3. 经纬仪各主要轴线应满足的关系为（　　）。其中 *LL*、*CC*、*VV*、*HH* 分别为照准部水准管轴、视准轴、竖轴、横轴。

A. $LL // VV$，$CC // HH$，$HH \perp VV$

B. $LL \perp CC$，$CC \perp HH$，$HH // VV$

C. $LL \perp VV$，$CC // HH$，$HH \perp VV$

D. $LL \perp VV$，$CC \perp HH$，$HH \perp VV$

4. 已知测角中误差 $m=\pm 20''$，共观测四次，该角算术平均值的中误差 $\overline{m}_x$ 为（　　）。

A. 40″　　B. 10″　　C. 5″　　D. 80″

5. 已知 $X_A=2\ 192.54$ m，$Y_A=1\ 556.40$ m，$X_B=2\ 179.74$ m，$Y_B=1\ 655.64$ m，该直线的方位角 α_{BA} 为（　　）。

A. $-82°39'02''$　　B. $97°20'58''$　　C. $277°20'58''$　　D. $82°39'02''$

6. 等高线勾绘，A 点的高程为 21.2 m，B 点的高程为 27.6 m，AB 在图上的平距为 48 mm，欲勾绘出等高距为 1 m 的等高线，则 A 点与邻近 22 m 等高线间的平距为（　　）mm。

A. 7.5　　B. 8.0　　C. 6.0　　D. 4.5

7. 下列（　　）是表示视线倾斜时视距测量所得出的水平距离。

A. KS　　B. $KS\cos\alpha$　　C. $KS\cos^2\alpha$　　D. $\frac{1}{2}KS\sin 2\alpha$

8. 支导线及其转折角如图 Z—1 所示，已知坐标方位角 $\alpha_{AB}=45°00'00''$，则 $\alpha_{12}=$（　　）。

A. $186°01'00''$　　B. $6°01'00''$　　C. $173°59'00''$　　D. $353°59'00''$

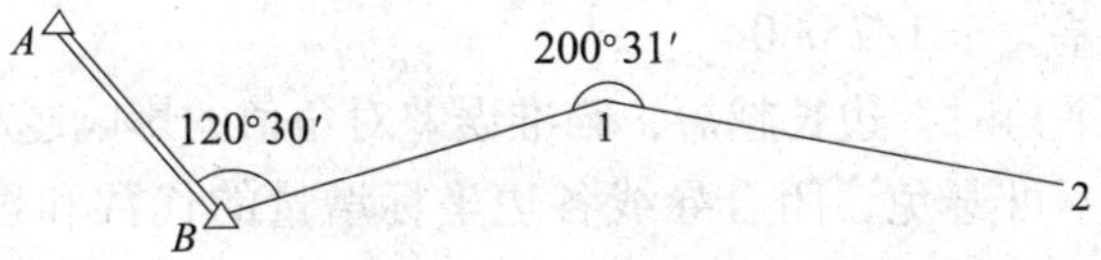

图 Z—1

9. 图 Z—2 所示为某地形图的一部分，各等高线高程如图所示，A 点位于线段 MN 上，点 A 到点 M 和点 N 的图上水平距离为 $MA=3$ mm，$NA=2$ mm，则 A 点高程为（　　）m。

A. 36.4

B. 36.6

C. 37.4

D. 37.6

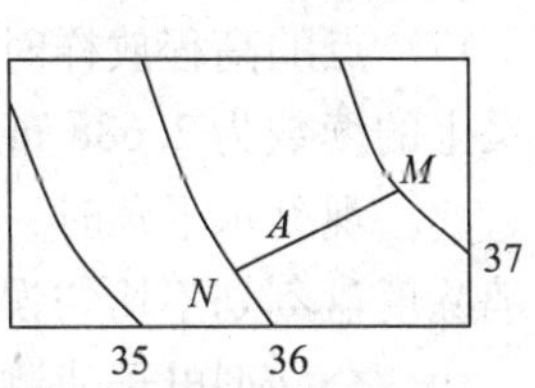

图 Z—2

10. AB 直线方位角为 45°，AC 直线方位角为 225°，那么 AB 与 AC 直线夹角为（　　）。

A. 225°　　B. 180°　　C. 270°　　D. 135°

三、判断题（判断正误并在括号内填“√”或“×”。每题 1 分，共 20 分）

1. 高斯平面直角坐标系，对于六度带，任意带中央子午线经度 λ_0，可用下式计算：$\lambda_0=6N-3$。式中 N 为投影带的代号。（　　）

2. 光学经纬仪的水平度盘是由玻璃制成的圆环，其上刻有 0°～360°分划，逆时针方向注记。（　　）

3. 用经纬仪观测水平角，已知左方目标读数为 $350°00'00''$，右方目标读数为 $10°00'00''$，则该角值为 $20°00'00''$。（　　）

4. 精密量距中，某一钢尺的检定长度 $L'=30.002\ 5$ m，名义长度 $L=30$ m，则该尺的尺

长改正数为 -0.0025 m。 (　　)

5．已知 $X_A=100.00$，$Y_A=100.00$，$X_B=50.00$，$Y_B=50.00$，坐标反算 $\alpha_{AB}=45°00'$。 (　　)

6．用钢尺往返丈量一段距离，其平均值为 184.26 m，要求量距的相对误差为 1/3 000，则往返测距离之差绝对值不能超过 0.1 m。 (　　)

7．已知测角中误差 $m=\pm20''$，共观测四次，该角算术平均值的中误差为 $\pm5''$。 (　　)

8．比例尺越大，表示的地物地貌就越详细，精度就越高。 (　　)

9．由于雨水是沿山脊线（分水线）向两侧山坡分流，所以汇水面积的边界线是由一系列山脊线连接而成，因此利用地形图可确定汇水面积。 (　　)

10．采用偏角法测设圆曲线细部点时，经纬仪必须安置在转折点处。 (　　)

11．由标准方向的北端起，逆时针方向量到某直线的水平夹角，称为该直线的方位角。 (　　)

12．在水准测量中，设一个测站高差的中误差为 5 mm。若 1 km 有九个测站，则 K km 的中误差为 $15\sqrt{K}$。 (　　)

13．一条总长为 740 m 的附合导线，其坐标增量闭合差 $f_x=-0.15$ m，$f_y=+0.14$ m，则这条导线的相对闭合差大于 1/2 000。 (　　)

14．用经纬仪测水平角时，边长越短，瞄准误差对角值的影响越小。 (　　)

15．由于测量误差不可避免，闭合导线各边坐标增量的代数和理论上不应等于零，即 $\sum\Delta x_{测}\neq0$，$\sum\Delta y_{测}\neq0$。 (　　)

16．在 1∶5 000 地形图上求得 1.5cm 长的地面坡度直线两端点的高程为 418.3 m、416.8 m，则该地面坡度为 2%。 (　　)

17．点的高程放样时，视线高程为 18.205 m，放样点 P 的高程为 15.517 m，则 P 点水准尺上的读数为 2.688 m。 (　　)

18．观测水平角时，各测回应改变起始读数（对零值），递增值为 $180°/n$，这样做是为了消除度盘刻划不均匀误差。 (　　)

19．全站型电子速测仪简称全站仪，它由光电测距仪、电子经纬仪和数据处理系统组成。 (　　)

20．拓普康 GTS 系列全站仪的功能很多，可以进行作业处理、点坐标数据编辑、放样测量、图形处理等，但就是不能进行公路横断面测量。 (　　)

四、问答题（每题 5 分，共 25 分）

1．经纬仪应进行哪几项检验与校正？（按顺序回答）

2. 测设点的平面位置有哪几种方法？

3. 方位角是如何定义的？

4. 简述什么是过失误差，什么是系统误差，什么是偶然误差。

5. 试述小三角测量的内业工作。

五、作图与计算题（每题 3 分，共 15 分）

1. 根据附合水准路线的观测成果计算表 Z—1 中的高程改正数、改正高差及各点的高程（已知 $H_{BM6}=46.215$ m，$H_{BM10}=45.330$ m）。

表 Z—1

点号	测站数	实测高差（m）	改正数（m）	改正高差（m）	高程（m）
BM_6					46. 215
	10	+0. 748			
1					
	3	−0. 432			
2					
	3	+0. 543			
3					
	3	−0. 245			
4					
	4	−1. 476			
BM_{10}					45. 330

2．将图 Z—3 中所给的四等水准测量观测数据（括号内数据为水准尺红面中丝读数）填入表 Z—2 中，并计算表中各项内容（已知 $H_A = 418.000$ m，$K_1 = 4.787$ m，$K_2 = 4.687$ m）。

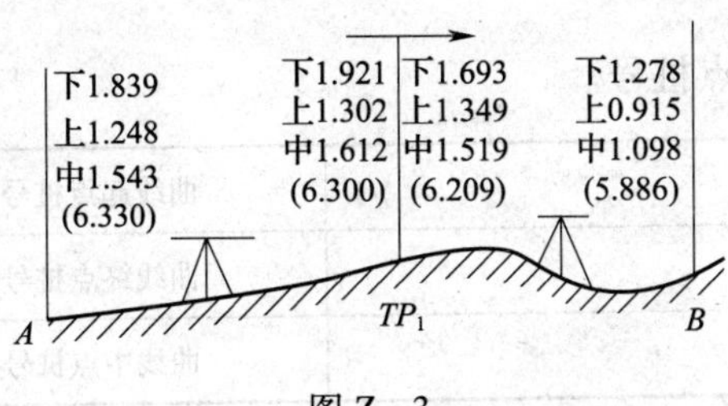

图 Z—3

表 Z—2

测站编号	后尺 下丝	前尺 下丝	方向及尺号	水准尺读数（m）		K+黑-红	高差中数
	后尺 上丝	前尺 上丝		黑面	红面		
	后视距	前视距					
	视距差 d	$\sum d$					
			后 K_1				
			前 K_2				
			后－前				
			后 K_2				
			前 K_1				
			后　前				

3. 已知转折点的桩号和曲线上诸元素，填表计算三主点桩号、各细部点桩号、偏角及弦长。转折角 $\alpha = 18°20'$，曲线半径 $R = 100$ m，转折点里程桩号为 1 + 268. 480，曲线上相邻两细部点弧长 l 取 10 m。

（1）算出圆曲线三主点桩号。

切线长		曲线起点桩号	
曲线长		曲线终点桩号	
外矢距		曲线中点桩号	

（2）算出偏角法测设细部点桩号和偏角。

桩点编号	细部点桩号	偏角	弦	弦长
起点桩号				
第 1 点桩号			起点至 1 点	
第 2 点桩号			1 点至 2 点	
第 3 点桩号			2 点至 3 点	
终点桩号			3 点至终点	

4. 对某角度等精度观测六个测回，观测值分别为 82°19′18″、82°19′24″、82°19′30″、82°19′12″、82°19′12″、82°19′30″，求该角度的算术平均值及其中误差。

5. 根据图 Z—4 所示水准路线中的数据，计算 P 点、Q 点的高程。

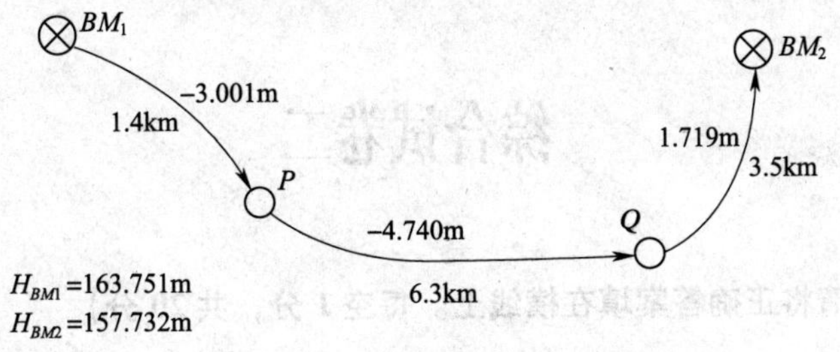

图 Z—4

综合试卷二

一、填空题（请将正确答案填在横线上。每空 1 分，共 20 分）

1. 野外测量工作的基准面是____________。

2. 直线定向常用的标准方向有真子午线方向、____________和磁子午线方向。

3. 水准测量中对某一水准尺进行观测时的基本步骤是粗平、瞄准、________和读数。

4. 经纬仪用测回法进行水平角观测时，某一方向上盘左读数和盘右读数的关系是________。

5. 地面点的位置通常用平面坐标和____________表示。

6. 水准测量中常用的两种检核方法是____________和变更仪器高法。

7. 测量的基本工作为____________、测距和测高差。

8. 当用视距测量法进行倾斜距离测量时，需要读取上下丝读数和____________。

9. 为了便于计算和分析，对大地水准面采用一个规则的数学曲面来表示，这个数学曲面称为____________。

10. 经纬仪测回法测量竖直角时，盘左、盘右读数的理论关系是____________。

11. 测量误差按其对测量结果的影响性质，可分为系统误差和__________。

12. 控制测量包括平面控制测量和____________。

13. 水准路线布设的形式有支水准路线、闭合水准路线、水准网和__________水准路线。

14. 地形测绘是测定________和地貌的平面位置、高程，按比例和图式绘制成图。

15. 曲线测设的常用方法有偏角法、切线支距法和____________。

16. 测量外业工作应遵循的原则是____________________。

17. 道路定测中，中平测量的任务是测量______________各点的高程。

18. 水准测量中，消除 i 角误差影响的主要措施是________________。

19. 某曲线为右偏，已知切偏角 $\beta_0 = 1°08'45''$，现置镜于 HY 点后视 ZH 点测设圆曲线，若使 HY 点的切线方向为 0°00′00″，水平度盘应安置____________（望远镜平转）。

20. 用钢尺丈量某段距离，往测为 112.314 m，返测为 112.329 m，则相对误差为________。

二、选择题（请在下列选项中选择一个正确答案并填在括号内。每题 1 分，共 20 分）

1. 经纬仪测量水平角时，正倒镜瞄准同一方向所读的水平方向值理论上应相差（　　）。

A. 180°　　B. 0°　　C. 90°　　D. 270°

2. 1∶5 000 地形图的比例尺精度是（　　）。

A. 5 m　　B. 0.1 mm　　C. 5 cm　　D. 50 cm

3. 下列不属于基本测量工作范畴的一项是（　　）。

A. 高差测量　　B. 距离测量　　C. 导线测量　　D. 角度测量

4. 已知某直线的坐标方位角为220°，则其象限角为（　　）。

A. 220°　　B. 40°　　C. 南西50°　　D. 南西40°

5. 对某量进行观测后得到一组观测值，则该量的最或是值为这组观测值的（　　）。

A. 最大值　　B. 最小值　　C. 算术平均值　　D. 中间值

6. 闭合水准路线高差闭合差的理论值（　　）。

A. 总为0　　B. 与路线形状有关

C. 为一不等于0的常数　　D. 由路线中任意两点确定

7. 点的地理坐标中，平面位置是用（　　）表达的。

A. 直角坐标　　B. 经纬度　　C. 距离和方位角　　D. 高程

8. 危险圆出现在（　　）中。

A. 后方交会　　B. 前方交会

C. 侧方交会　　D. 任何一种交会定点

9. 下列（　　）是导线测量中必须进行的外业工作。

A. 测水平角　　B. 测高差　　C. 测气压　　D. 测竖直角

10. 绝对高程是地面点到（　　）的铅垂距离。

A. 坐标原点　　B. 大地水准面　　C. 任意水准面　　D. 赤道面

11. 下列关于等高线的叙述错误的是（　　）。

A. 所有高程相等的点在同一等高线上

B. 等高线必定是闭合曲线，即使本幅图没有闭合，在相邻的图幅中也应闭合

C. 等高线不能分叉、相交或合并

D. 等高线经过山脊并与山脊线正交

12. 如图Z—5所示支导线，*AB*边的坐标方位角 $\alpha_{AB}=125°30'30''$，转折角如图所示，则*CD*边的坐标方位角 α_{CD} 为（　　）。

A. 75°30′30″　　B. 15°30′30″　　C. 45°30′30″　　D. 25°29′30″

图Z—5

13. 根据图样上的设计内容将特征点在实地进行标定的工作称为（　　）。

A. 直线定向　　B. 联系测量　　C. 测图　　D. 测设

14. 在一个已知点和一个未知点上分别设站，对另一个已知点进行观测的交会方法是（　　）。

A. 后方交会　　B. 前方交会　　C. 侧方交会　　D. 无法确定

15. 相邻两条等高线之间的高差称为（　　）。

A. 等高距　　B. 等高线平距　　C. 计曲线　　D. 水平距离

16. 用经纬仪测水平角和竖直角，一般采用正倒镜法，（　　）的仪器误差不能用正倒

镜法消除。

A. 视准轴不垂直于横轴　　B. 竖盘指标差

C. 横轴不水平　　D. 竖轴不竖直

17. 下列关于控制网的叙述错误的是（　　）。

A. 国家控制网从高级到低级布设

B. 国家控制网按精度可分为 A、B、C、D、E 五级

C. 国家控制网分为平面控制网和高程控制网

D. 直接为实现测图目的而建立的控制网称为图根控制网

18. 下列关于高斯投影的说法正确的是（　　）。

A. 中央子午线投影为直线，且投影的长度无变形

B. 离中央子午线越远，投影变形越小

C. 经纬线投影后长度无变形

D. 高斯投影为等面积投影

19. 根据两点坐标计算边长和坐标方位角的计算称为（　　）。

A. 坐标正算　　B. 导线计算

C. 前方交会　　D. 坐标反算

20. 一段 324 m 长的距离在 1∶2 000 地形图上的长度为（　　）cm。

A. 1. 62　　B. 3. 24　　C. 6. 48　　D. 16. 2

三、判断题（判断正误并在括号内填“√”或“×”。每题 1 分，共 20 分）

1. 对测绘仪器、工具，必须做到及时检查校正，加强维护，定期检修。（　　）

2. 工程测量应以中误差作为衡量测绘精度的标准，三倍中误差作为极限误差。（　　）

3. 大、中型城市的 GPS 网应与国家控制网相互连接和转换，并应与附近的国家控制点连测，连测点数不应少于三个。（　　）

4. 在测量中，观测的精度就是指观测值的数学期望与其真值接近的程度。（　　）

5. 测量过程中仪器对中均以铅垂线方向为依据，因此铅垂线是测量外业的基准线。（　　）

6. 地面点的高程通常是指该点到参考椭球面的垂直距离。（　　）

7. GPS 点高程（正常高）经计算分析后符合精度要求的可供测图或一般工程测量使用。（　　）

8. 按基本用途，地籍图可分为分幅地籍图和宗地图两类。（　　）

9. 国家控制网布设的原则是由高级到低级，分级布网，逐级控制。（　　）

10. 地形图的图幅按矩形（或正方形）分幅，其规格为 40 cm × 50 cm 或 50 cm × 50 cm。（　　）

11. 采用三角网布设首级网时，宜布设为近似等边三角形网。（　　）

12. 在几何水准测量中，保证前后视距相等，可以消除球气差的影响。（　　）

13. 高斯投影是一种等面积投影方式。（　　）

14. 在 54 坐标系中，Y 坐标值就是与中子午线的距离。（　　）

15. 在四等以上的水平角观测中，若零方向的 2C 互差超限，应重测整个测回。（　　）

16. 在工程测量中，一级导线的平均边长不应超过 1 km，导线相对闭合差≤ 1/15 000。（ ）

17. 用测距仪测量边长时，一测回是指照准目标一次、读数一次的过程。（ ）

18. 在水准测量中，当测站数为偶数时，不必加入一对水准尺的零点差改正。但是当测站数为奇数时，一定要加入零点差改正。（ ）

19. 影响电磁波三角高程测量精度的主要因素是大气折光。（ ）

20. 误差椭圆可用来描述点位误差的大小和在特定方向上的误差。待定点的误差椭圆是相对于已知点的。（ ）

四、问答题（每题 5 分，共 25 分）

1. 简述光学对中器对中的操作过程。

2. 等高线有哪些特性？

3. 偶然误差有哪些特性？

4. 用双面水准尺进行四等水准测量，一个测站上有哪些技术要求？

5. 写出视距测量斜视线时计算水平距离和计算高差的公式，并解释各符号的含义。

五、作图与计算题（每题3分，共15分）

1. 用钢尺丈量一条直线，往测丈量的长度为217.30 m，返测丈量的长度为217.38 m，现规定其相对误差不应大于1/2 000，试问：

（1）此测量结果是否满足精度要求？

（2）按此规定，丈量100 m，往返丈量最大可允许相差多少毫米？

2. 某经纬仪竖盘注记形式如下所述，将它安置在测站点 O 处，瞄准目标 P，盘左时竖盘读数为112°34′41″，盘右时竖盘读数为247°22′48″。（1）试求目标 P 的竖直角。（2）判断该仪器有无指标差存在？是否需要校正？（竖盘盘左的注记形式：度盘顺时针刻划，物镜为0°，目镜端为180°，指标指向90°位置）

3．已知A点的坐标为$X_A=1\ 011.358$ m，$Y_A=1\ 185.395$ m；B点的坐标为$X_B=883.122$ m，$Y_B=1\ 284.855$ m。在AB线段的延长线上定出一点C，BC间的距离$D_{BC}=50.000$ m，计算C点的坐标。

4．闭合水准路线高差观测如图 Z—6 所示，已知A点高程$H_A=41.20$ m（环内单位为 m 的为两点高差，环外单位为 km 的为两点距离），计算B、C、D、E点的高程。

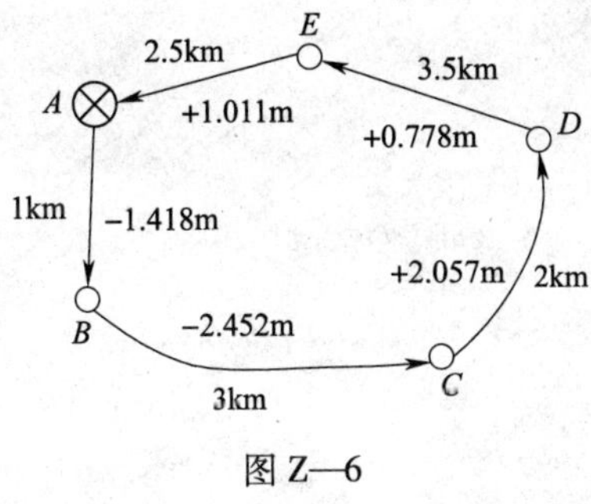

图 Z—6

5. 如图 Z—7 所示，令 ZH 点的坐标为（0，0），并在其上置全站仪，测得 ZH 点至任意点 O 的距离为 100 m，X 轴正向顺时针至 ZH—O 直线的水平角为 70°。为了测设曲线上的 P 桩点，需把全站仪置于点 O 上，且 P 桩点的坐标为（75，4），试计算放样 P 桩点的测设数据并简述放样方法。

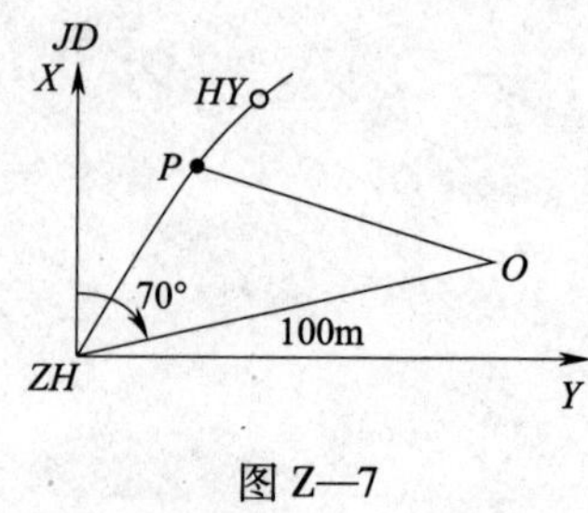

图 Z—7